CURIOSITY TIMES 永远保持探索世界的热情

好奇心时报

艺术家每天都在做什么？

米莱童书 著/绘

北京理工大学出版社
BEIJING INSTITUTE OF TECHNOLOGY PRESS

好奇心时报 CURIOSITY TIMES

不知道你是不是像我一样，一直对这个世界感到好奇。

很小的时候，我就喜欢看着天上飞来飞去的小鸟，想知道它们是从哪里来，又会飞到哪里去。长大之后，生活中出现了很多新的事物，手机、电脑……每一种新事物出现的时候，我都会好奇，它们好像凭空出现在我们的生活中，然后帮助我们做那么多事情。后来我才发现，一切其实并不是毫无预兆的，在我们不知道的时候，有一群同样对世界好奇的人正在用他们的方式影响着这个世界。

好奇，就是对自己不熟悉的事情产生兴趣，并且渴望对它们有更加深入的了解。南宋诗人陆游在将近七十岁的时候写下这样一句诗："放翁百念俱已矣，独有好奇心未死。"意思就是说，在他已经没有什么念想的时候，心中的好奇却还始终如一。

陆游如此珍视的好奇心，自生命诞生之初，就已经在地球上悄然萌发：我们的祖先对树下的世界好奇着，历史上的先辈们也在对社会的发展好奇着，现在的我们也对这些人好奇着。《好奇心时报》就是一套送给你的礼物，邀请你一起，带上好奇心一起去探寻那些可能熟悉、可能陌生的人物和事物。

《好奇心时报》把镜头聚焦于古今中外的那些发明家，带着你深入探索 35 位发明家如何通过发明去影响这个世界。或许你曾经在某些地方听说过他们，对他们的丰功伟绩了然于胸，但是《好奇心时报》跨越时间和空间，带你来到了这些你只听说过的人的身边。墨子是怎么用他的口才以及发明智退楚王的？数学家祖冲之竟然在百忙之余发明了造福百姓的农具？"发明大王"爱迪生成名前的第一项发明竟然没有人认可？……《好奇心时报》的记者深入一线，仔细记录发明家们生活中的点滴和发明历程，记录他们的发明创造是怎样影响那个时代，又是怎样影响我们的生活的。

除了发明家，《好奇心时报》记者的笔下也记录了古今中外的 39 位艺术家。有的艺术家你可能有所耳闻：梵高割下耳朵是为艺术献身吗？王希孟画下令世人惊叹的《千里江山图》，却为何没能留名《宣和画谱》？郑板桥给自己的字画公开标价，竟然遭人鄙夷？知名画家毕加索竟被险些当作盗取名画的疑犯？……这些艺术家在创作的过程中，用艺术记录下来的世界、用身心经历的人生将由《好奇心时报》的记者一一记录，并展

现在你的眼前。不止如此，《好奇心时报》的记者也记录下来那些你可能不太熟悉的艺术和艺术家：一块泥砖也能做成艺术品？杜尚为什么要给蒙娜丽莎画上小胡子？人工智能也能当艺术家了？……打开《好奇心时报》，一起去了解看似"荒诞""古怪"的行为背后，艺术家们对这个世界的"反叛"。

记者们还保持最大的好奇，找到了古今中外的 42 位哲学家，从首先提出"万物本源到底是什么"这一问题的古希腊哲学家泰勒斯，到享誉哲学界的天才哲学家维特根斯坦，《好奇心时报》带你一起去认识这个世界。当然，你也会在这份"报纸"上看到一些奇怪的报道：大名鼎鼎的斯多葛学派的代表人物赛内卡，竟然是言行不一之人？南宋理学家朱熹去拜访郑樵，郑樵竟然用简陋的饭菜招待他？……当你真的走进这些哲学家的世界，深入了解他们，就会恍然大悟，原来好奇心指引下的他们是这样探寻世界的奥秘的。或许，在这个过程中，你也会对这个我们生存的世界产生自己独到的见解。

《好奇心时报》涉猎广泛，和这个世界息息相关的一切都是这份"报纸"所好奇的。发明家在改变世界，艺术家在记录世界，哲学家在认识世界，而《好奇心时报》的记者们则是用笔杆子记录下来这一切。撰稿、评论、投稿、访谈，你能在这份"报纸"上看到当年发生的一切，看到每一个领域从古至今的发展。

欢迎你订阅《好奇心时报》，欢迎你去往每一个年代，认识更多的人，找到独属于你的好奇心。

时代在变化，祝你永远保持探索世界的热情。

目录 CONTENTS

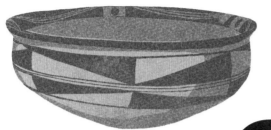

LET THE ARTIST TELL YOU

印象派诞生记

4月15日，一场名为《无名画家、雕刻家、版画家协会展》的展览在巴黎举办。著名的印象派画家莫奈作为发起人之一，为展会提供了作品《日出·印象》。

47

本期封面

埃舍尔——《瀑布》临摹图

彩陶的艺术——

走进仰韶艺术展

据悉，仰韶艺术展即将开展，展方诚邀各地民众前来观展。在正式开展前，本报记者就已受邀抢先观展，并感到非常值得一看！故而刊登出这一展览的导言，希望能够引起更多人观展的兴趣。

在各位的期待下，本馆将对仰韶艺术进行展览，展览位于黄河中游地区，本馆诚邀各地民众前来观展。

这次展览共分为两个部分。第一部分是对仰韶人的介绍。仰韶人分布在黄河流域，据了解，他们已经掌握了一种名为"农业"的技术，并以此为生。在开展之前，我们就实地去观察了仰韶人的生活，他们的房屋为半地穴式，下半部分深入地下，他们会额外挖一条路，能够直接从外面进入房屋的地下区域。房屋内部设有火塘，火塘上方是烟囱。火塘兼具了取暖、采光、烹饪等功能，是古人非常智慧的创造！因此，本次展览将会介绍仰韶人的生活，包括他们居住的村落、房屋外边的农田、墓地和窑场。

展览的第二部分是万众期待的彩陶艺术。

众所周知,仰韶人最引以为豪的就是彩陶、骨器、石器等器具,他们不单单制造器具,还让这些器具成为艺术,让这些器具承载着他们的精神世界!接下来,我们将着重介绍本次的几个展品,供大家欣赏。

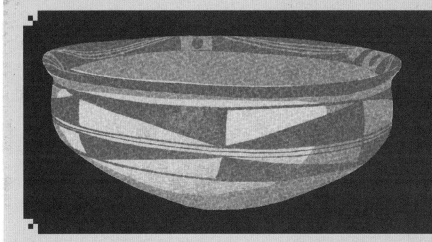

这件展品名为彩陶几何纹盆。盆口是线条流畅的水波形纹样;腹部则用黑彩画出三角形,分为两层,中间用细线隔开。我们猜测,三角形可能是鱼纹的变体,而鱼的繁殖能力很强。因此,这件彩陶盆寄托了仰韶人"多子"的美好愿望。

这件展品名为人面鱼纹彩陶盆。圆形的人面很好辨认,在人面的头上、双耳、口中,都分别绘制了鱼鳍和鱼,因此整体上被称为人面鱼纹。这也更加印证了仰韶人对鱼的青睐来源于对超强繁殖能力的崇拜,不惜把鱼画到自己脸上。

相比较为抽象的鱼纹,这件展品上的太阳纹则更好辨认。可惜的是,这一器物在运来的过程中不幸碎裂,只留下一些残片。除了太阳纹,残片上还有月亮纹与星座纹,这说明仰韶人常常"夜观天象"。

这两部分就是本次展览的主要内容,希望各位能够快乐看展,有所收获。展后如有奇思妙想,欢迎来信和我们交流。(撰稿时间:公元前 4000 年)

直击乌尔王室的葬礼现场，
埋葬艺术品究竟是尊重艺术还是毁灭艺术？

乌尔王室的葬礼如期举行，五十多人为国王殉葬。这意味着即便到了地下世界或者来生，他也将拥有诸多侍从。同时，大量陪葬品被依次放进陵墓，其中包含一把珍贵的牛头七弦琴，牛头栩栩如生，并以青金石和黄金装饰。艺术品倘若受到皇家的喜爱，往往免不了陪葬的命运，一轮艺术史在此终结，或许新的艺术正在酝酿。

随着精美的牛头七弦琴被放入陵墓，本报记者也流下了一行苦涩的泪水。这把七弦琴代表着苏美尔文明的至高艺术水平，如今随着王室夫妇的棺椁一同深埋地下，记者只好仔细观察这把琴并尽力记住细节。琴的最上面是一颗牛头，代表着至高无上的太阳神，似乎采用了镀金工艺，看起来金光闪闪。牛角的末端、牛额、牛眼和牛胡须均以青金石装饰。当太阳隐入地平线之下，人们能够看到天穹透出青金石的神秘色泽，因此天空被认为是由青金石制成的。七弦琴上的青金石寄托着苏美尔人对苍天的敬畏，和牛头所象征的太阳神一同组成宇宙的缩影。

牛头下方、七弦琴的背板上描绘了四个神话场景。第一幅图是半神吉尔伽美什正在与两头天牛搏斗，这两头天牛大有来头。传说，有一日吉尔伽美什正在河中洗澡，守护女神伊丝塔恰好路过，被他健美的身材迷住，想要和他成为恋人。伊丝塔是真正的神，吉尔伽美什只是神与人的混血，寿命和人类一样长，但是他却毫不留情地拒绝了伊丝塔。伊丝塔因爱生恨，指使天牛去暴打吉尔伽美什，没想到天牛反被吉尔伽美什扼住喉咙，神与人的混血儿就这样维护了人的尊严。

第二幅图也很精彩，描绘了站立的鬣狗和狮子，它们分别捧着食物和饮料，正打算拿给客人。不知道读者朋友们是否听说过鬣狗与狮子的危险关系，在广袤的草原上，这两个物种是永恒的宿敌。狮子是草原霸主，但几只鬣狗却能将狮子围攻至死。而在人类的宴会上，无论是群居的鬣狗还是独行的狮子，都要老老实实为人类服务。这种心态究竟是昂扬向上还是妄自尊大，目前还很难说。

第三幅图是驴子在演奏竖琴。竖琴体积庞大，需要一只熊将其稳住。

第四幅图描绘了身为侍从的羚羊端着两杯酒，而它的对面是一个蝎尾人身的怪物。这怪物是乌尔王室曾经招待的宾客，还是手持羊皮卷的信使？由于缺乏文字描述，一切都不得而知。

这把神秘、精美的七弦琴终究还是跟随棺椁下葬了，葬礼也已进入尾声。乐师奏起哀乐，围观者泪水涟涟。是在哀悼统治者之死，还是惋惜于艺术品的毁灭？人们低着头，看不见脸上的答案。（撰稿时间：约公元前 2600 年）

"仰韶艺术展"
读者来信

对于上一期刊登的"仰韶艺术展"，我有话要说。我对鱼纹的含义有不同意见。不是我对祖先不敬，但文化的发展需要时间。相比把鱼纹当成一种装饰性纹路，我更倾向于先民们是真正看到了这一切，然后记录在陶器上。比如说那件人面鱼纹彩陶盆，人面很有可能是真实的人面，他把鱼鳍和鱼身插在头上，口中再叼两条鱼，正在施展巫术。那个年代巫术是很发达的，虽说都是在胡编乱造。

——小赵

馆长您好，开门见山，我认为鱼纹是仰韶人的图腾。鱼神的故事流传已久，焉知黄河之中没有仰韶人的鱼神呢？只有将这些花纹理解为神明的象征，才能解释它们为什么出现在如此多的彩陶上。举个例子，我喜欢荷花，但我的丈夫喜欢杏花，因此我家里的各种器具上有的画着荷花，有的画着杏花。而我的邻居喜欢桃花，因此家中的杯盘碗盏上都画着桃花。如果只是喜好，整个村落的人不可能都喜欢同一种花纹吧。因此我认为鱼纹是一种信仰，是他们的精神图腾。

——小钱

本报特邀请著名画家将一精美青铜器绘制下来分享给大家。

访谈 工匠也能 "团队" 作战？

引言

近期，城里一所小型的铸铜作坊一跃成为青铜器的御用品牌。据传，这所作坊之所以能够入选，竟是因为背后活跃着一个拥有法术的「工匠天团」。对此，本报记者有幸邀请到该作坊的老族长为大家揭晓青铜器生产的秘密。

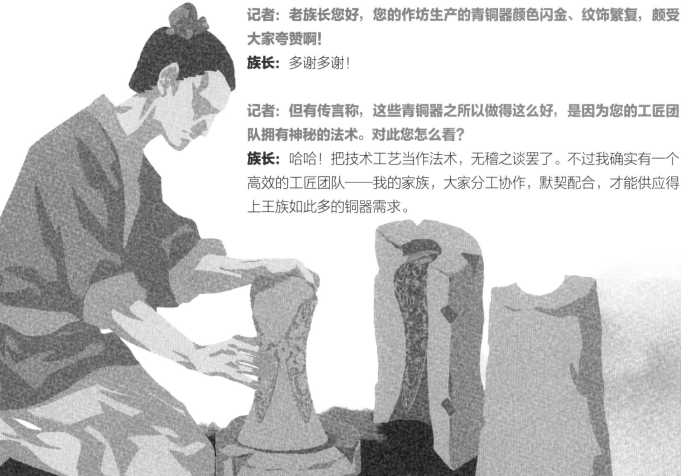

记者：老族长您好，您的作坊生产的青铜器颜色闪金、纹饰繁复，颇受大家夸赞啊！

族长：多谢多谢！

记者：但有传言称，这些青铜器之所以做得这么好，是因为您的工匠团队拥有神秘的法术。对此您怎么看？

族长：哈哈！把技术工艺当作法术，无稽之谈罢了。不过我确实有一个高效的工匠团队——我的家族，大家分工协作，默契配合，才能供应得上王族如此多的铜器需求。

记者：那您的作坊采用了怎样的制作工艺呢？

族长： 我们使用了模具浇铸铜器。模具包着青铜器就像花生壳包着花生米，砸碎壳子，就得到了最终的青铜器。

记者：哦哦，也就是说把液态的铜液倒进模具里，用模具来确定青铜器的外形？

族长： 是的，只用一次浇铸就可成型，大大提高了生产效率啊。我们生产青铜器的工序也是围绕着模具展开的：制模、制范、浇铸、修整。

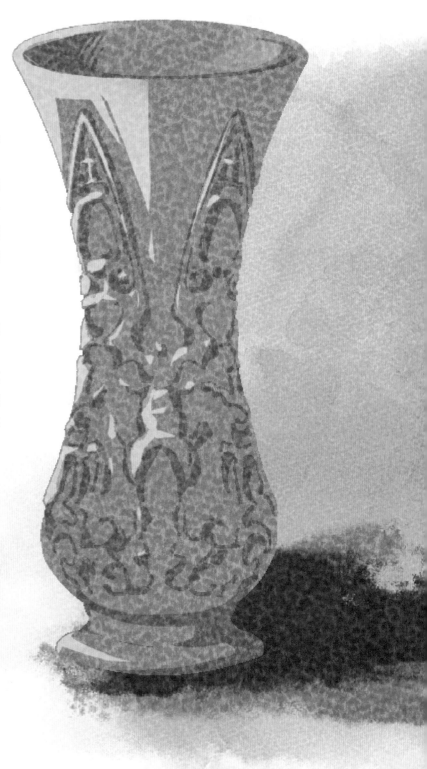

记者：可是要怎么做出一个内部空间刚好是青铜器形状的模具呢？

族长： 可以拆开做啊。先做一个实心泥质的青铜器模型，再用泥料把模型裹住，做出一个外壳来。这个模型就叫作"模"，外壳叫作"外范"，所以这种铸铜的方法叫作"模范法"。

记者：那青铜器的花纹就会被印在外壳的内壁上了吧。

族长： 是的，青铜器上的大量纹样都是在这个步骤雕刻完成的。说到这里，我们就已经完成了工艺的前两步——制模、制范。接下来就是浇铸和修整。

记者：这四道工序您是怎么安排工匠分工的呢？

族长： 专业人做专业事！每道工艺都是分配到个人负责的。就像我负责铸铜的火候，光是分辨和把握炼铜的火焰变化就学了大半辈子哟。

记者 看样要做出好铜器，不仅铜液要炼到"炉火纯青"，人的技艺也要练到"炉火纯青"啊！

（撰稿时间：约公元前 1600 年—公元前 1046 年）

水平太高也是一种错

摘要 正所谓物极必反，谁能够想到，有时候水平太高也会引来祸事呢？这篇读者投稿就向我们形象生动地讲述了这个道理。看到这篇投稿，整个编辑部都为它惊掉了下巴……

我的邻居敬君最近遇到了一件很不公平的事。他是一个极具天赋的画家，为人勤勉诚恳，对待画作一丝不苟。就是这样一个人，前些日子却遭到飞来横祸，这祸事如此荒谬，使我必须为他发声。

一年前，齐王下令建造九层高的楼台，并决定在高台的内壁上画画。于是他广招天下画师，我的邻居敬君作为美术天才自然在列。敬君那时刚刚娶妻，妻子十分美貌，但他必须星夜兼程赶往九层台，于是依依不舍地和妻子告别。来到九层台后，他就开始了每天的画墙工作。具体情况我不太清楚，或许是因为他为人老实，承担了更

多他人的工作；抑或是他的画技实在精湛，领导们交给他更多工作……总之他忙得要死，很少休息，画了一年也没有画完。

依我之见，任何人对着墙画了一年，精神都要出问题，脊椎也要出问题。果不其然，他开始在墙上悄悄画他的妻子，以解相思之苦。但他美丽的妻子还是被其他画匠发现了，并上报给齐王。齐王一听，这个女人被夸得天花乱坠，一定十分美貌，于是前去九层台观看画作。这一看可不得了，齐王被敬君的妻子深深吸引，竟然提出要把她纳入宫中。于是齐王召见敬君，赐给他百万钱，命令他把妻子让出来，另找一个。敬君没办法，只好答应了，回家之后抽了自己几个大嘴巴，送别妻子，悲痛欲绝。

我们几个邻居听说这件事，都感到非常荒谬。敬君画技惊人，为齐王画墙是齐王的福气，没想到却被抢走了妻子。难道水平太高也是一种错误吗？这可让我们平头百姓寒心不已。希望贵社能够刊登我的来信，让天下人都来评评理，这荒唐日子真是一天也过不下去了。

（撰稿时间：公元前 398 年）

快讯

有人在希腊买到了神秘的女子雕塑

昨日，尼多斯岛有人宣称自己买到了全希腊第一尊裸体女性雕塑，引发众多居民前去参观并热烈讨论。雕塑作者普拉克西特列斯称其原是为洗浴堂定做的，完成后却遭到了拒收。而其模特芙丽涅也将因渎神遭到审判。

昨日，希腊一尼多斯岛人宣称自己买到了一尊裸体女性雕塑，传闻一出，慕名前去参观的民众络绎不绝。

这尊雕塑展现的是爱神阿芙洛蒂忒准备下海沐浴的场景，雕塑整体造型优美，姿态舒展，可谓是难得的艺术品。然而，公然展现女子裸体的行为也为这尊雕塑带来了不少争议。

据本报记者调查，这尊雕塑的作者是希腊著名雕塑家——普拉克西特列斯，我们对他创作这尊雕塑的心路历程进行了采访。

"原本是雅典的一所洗浴堂向我发来订单，要我造一座装饰洗浴堂的雕塑，这正合我意！当时我刚好在计划塑造一座女性裸体雕塑，洗浴堂的订单给了我灵感！就如同阿芙洛蒂忒从海面的泡沫中诞生一样，柔美的女性身体与流水本就相辅相成，这是到目前为止我最满意的作品！相信经过的每个人都会驻足欣赏。"

然而这尊雕塑最后却没有被下订单的雅典洗浴堂接收，关于这一疑点，普拉克西特列斯给出了解答。

"他们一看到这座雕塑竟然吓得倒退三步，连连指责我道德败坏，实在可笑！还好有眼光的尼多斯岛人买下了雕塑，看着吧，女性人体雕塑马上就会成为潮流的！"

女性人体雕塑是否会成为潮流本报无法预测，不过就在刚刚得到一则消息，这尊雕塑的模特——女祭司芙丽涅，被人指控因裸露犯下渎神之罪。审判将于近日开庭，本报会持续跟进为您报道审判结果。（撰稿时间：公元前350年）

贵族大量收购头道蚕丝制品，意欲何为？

引言

近日，大量贵族放出风声，愿以重金购买帛布，以丝绸为佳，尤其是春蚕的茧制成的丝绸。这一举动令人感到困惑，服饰市场上也弥漫着危机感。面对这样的市场变动，本报记者来到「服装一条街」展开调查，终于找到了一些线索……

记者调查发现，四海绸缎庄的李老板最近有些烦恼，原来，一位贵族派人以高于市场三倍的价格向他收购丝绸，但这批丝绸早已被九州裁缝铺预定。如果他违背约定，就要付一笔违约金。经过计算，即便是违约他也有得赚，但多年的口碑想必会遭到损害。李老板心中的道德天平在不断摇摆，没办法，他们给的实在是太多了。

了解之后，记者立刻去走访了九州裁缝铺的张老板。李老板的丝绸迟迟不到，市面上也买不到足够的丝绸，于是张老板决定设计一种完全由轻纱制作的裙子，层层叠叠，如梦似幻。这种裙子推向市场后，一炮而红，富家小姐竞相购买。

而在这期间，一位贵族小姐无意间透露，贵族之间流行一种"帛画"，意为把画画在帛上。帛有许多种，以白色丝绸为最佳。张老板这才恍然大悟，原来丝绸都被贵族买走了。

消息以张老板为中心逐渐传播。几日后，记者再去打探消息时得知，绸缎庄的李老板最终决定将丝绸原价卖给裁缝铺，而不是毁弃约定，转而提供给贵族。记者对这种守信的行为大加赞赏，但李老板似乎不愿多谈，并义正词严地告诉记者："下一批可就不一定了。"记者对此表示理解。

帛画艺术愈加流行，街头巷尾对此议论纷纷。好消息是，更多的人加入养蚕大军，来供应蚕丝，制造丝绸，小小的服装一条街已经又恢复了平静。（撰稿时间：公元前 246 年）

既黑又白的阿育王

据悉，阿育王在几日前逝世。阿育王是印度孔雀王朝的第三代君主，他的一生充满了传奇色彩。在他的统治期间，印度达到了空前的强盛，能征善战的他统一了印度的大部分地区，但也因此造下许多杀孽。事情的转折点是阿育王皈依了佛教，他变得更加和平，更多为人民考虑，立在印度各处的阿育王石柱见证了这一切。

早年，阿育王四处征战，手段残暴，而且，小道消息称，他是发动了残酷的政变才在王位争夺战中取胜的。在阿育王即位后的很长一段时间里，他依然维持着残暴的统治，公元前 262 年，他率军攻打了孟加拉湾沿岸的羯陵伽国，并屠杀了十万人。这样的阿育王，被称为"黑阿育王"。

但是后来，似乎是觉得自己杀戮过多，又或许是遇上了某种机缘，阿育王对佛教产生了极大兴趣，和平与宽容就这样主宰了他的内心。于是他下令建造阿育王石柱，安排工匠把一些佛教思想和他的政治主张刻在上面，这里面还包含了许多为人民谋福祉的政策，让人们称赞不已。

这些石柱不仅彰显了阿育王对佛教的重视，更是一种艺术上的贡献。据了解，这些石柱高度在 12~15 米，上面刻着十分精美的花纹，例如莲花、玫瑰和棕榈树叶。柱子的顶端还雕刻着狮子、公牛、大象等动物，全都栩栩如生。最著名的石柱被安放在印度北部的鹿野苑，这根柱子上的动物是四头狮子，它们面容冷峻，眼眸深邃，分别凝视着东南西北四个方向。狮子身上的毛发也都由工匠精细刻画而成，如同一簇簇密集排列的火焰，在阳光的照射下反射出耀眼的白光。这是因为狮子石雕的每一寸都被打磨抛光过，表面光滑浑圆，这也是孔雀王朝艺术品的独特之处。

除了建造石柱，阿育王还广修佛寺、整理佛经，一举让佛教成为印度孔雀王朝的国教。而阿育王后期的统治方针也从佛教的基本理念出发，倡导用和平的方式对国家进行统治。这样的阿育王摆脱了"黑阿育王"的称号，被人们称为"白阿育王"。

纵观阿育王的一生，能够看出他由"黑"到"白"的统治风格，他本人总体上还是得到了人们的认可。也正是因为他统治风格的转变，才巧合般地促进了孔雀王朝时期印度雕刻艺术的发展。本报也代表全体热爱艺术的读者朋友，对阿育王表示由衷的感谢！（撰稿时间：公元前 232 年）

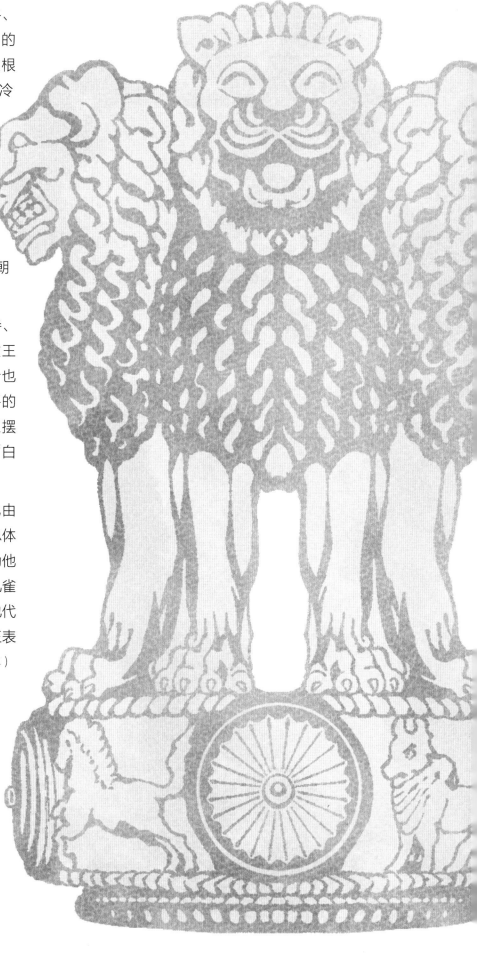

事件追踪

1950 年，印度共和国开始使用以鹿野苑阿育王柱的柱头作为原型的国徽，这一国徽包含四只狮子和狮子脚下的圆柱石墩，包含了勇气、智慧等意义。印度的最高法院和中央调查局亦采用这一图案作为徽章。

访谈 从泥到艺术品

需要几步？

引言

本城新近开张一家古怪的手工坊，课程居然是教大家制作墓室用砖！据该手工坊的师傅宣称，没有绘画天赋的人也可以做出画像砖上的精美图案。本报记者前往一探究竟，惊喜地发现从泥到艺术品竟然只要四步！

记者： 据我了解，现在很流行用画像砖来砌墓，您却开设课程教大家做这种"阴间"艺术，城里的百姓都觉得古怪。

工匠： 画像砖只能用来砌墓？非也。画像砖的表面有彩绘或雕刻的图像，早在战国时期就被用来装饰建筑了。

记者： 可是，如此精美的图案要如何一笔笔在泥砖上雕刻出来呢？而且您还对外宣传说没有绘画天赋的人也可以做出这些图案，这难度也太大了吧！

工匠： 哈哈，这些图案可不一定都是刻出来的，也可以像盖章那样印出来。这种工艺也被叫作印模压印法。

记者： 是这样啊！怪不得我在两块画像砖上看到一模一样的图像！我还以为是眼花了呢，原来是用了印章啊。

工匠： 用行业内的说法，这印章叫作"印模"。您看到两块砖上之所以有一模一样的图案，就是用了同一个印模。

记者： 照您这样说，"印模"应该很重要吧？

工匠： 是的！一幅整体的图案是用不同"印模"一块儿印出来的！我们在制作画像砖的时候，是先设计出整体图案，再拆出画面上不同的图像单元，对应去找它们的"印模"。

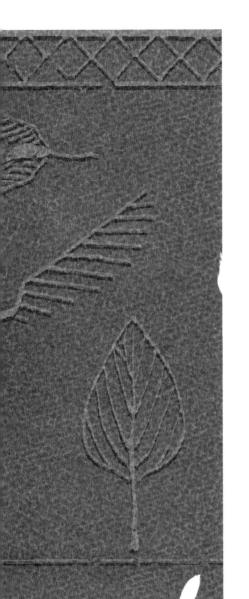

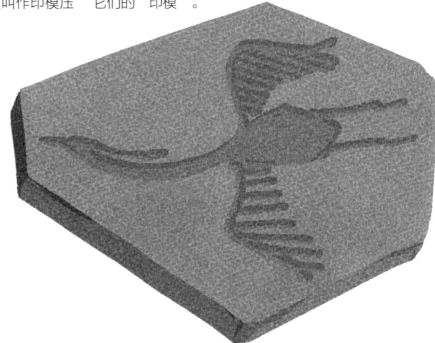

记者： 那也就是说，制作画像砖的时候，我们只要根据画面挑选不同的"印模"，然后在泥砖上盖章就行了嘛。这看起很容易嘛！

工匠： 当然也不全是可以"盖章"解决的，也有需要精修的时候。这就要使用一些别的工艺，比如雕刻、笔绘、刻划等。不过"印模压印法"确实是最常用的，只要四个步骤，大大提高了效率啊。

记者： 竟然只要四步？

工匠： 是的！咱们前面聊的都是如何制作砖上精美的图案，但要先制出砖，不是吗？然后等砖半干的时候，就按照咱们前面所说的，挑选印模、印制图案，最后烧制晾干，修饰细节，就大功告成啦！

记者： 听完我也迫不及待想试试了！

（撰稿时间：公元前 150 年）

震惊!!

壁画障眼法?!
豪华大房间竟成逼仄小屋!

近日本报收到一则投稿,来稿者详细讲述了自己被一位售楼员欺骗的经历,原本说好的豪华房产只是假象,搬家时才发现实际面积小得可怜。真相到底是怎么样的呢?

各位读者朋友好!我是受害者小张。一直以来我努力工作、老实做人,辛辛苦苦攒了一笔钱,想要给自己买个房子。那天我下班后在庞贝城里闲逛,一个发传单的人拦住了我,说是要给我推荐一套一百二十平方米的三居室,并且价格非常便宜。刚好没有超出我的预算,我非常心动,直接跟他去看了房子。到了房间里,他只让我在每个门前往里看一眼,说是刚装修好,还需要散一散涂料的气味。我当时没多想,只觉得空间挺大,能透过窗子看到外面的树影和月亮,再加上价格便宜,我当场就和这个售楼员签约了。

没想到等我带着所有行李搬过来后,直接就傻了眼。每一个屋子实际上都非常狭小,只是因为墙壁上画了庞贝风格的壁画。这种风格能够制造出视觉陷阱,让人把画中的空间当成现实空间的延展。甚至连窗户外的风景都是假象,这几个小屋子里根本没有窗户!我在屋子里坐了一会儿,哪怕把灯都点上,还是感觉像在坐牢(一个比喻,我没有真的坐过牢)。

我这才意识到自己被狠狠诈骗,但那个售楼员却不知所踪。我已经报警,警察答应帮我缉拿此人,希望能有个好结果。来这里投稿是想提醒大家:买房须谨慎!每一面墙都要亲手摸一摸!大家千万不要把我当成傻子,实在是这庞贝风格的画作太有欺骗性!(撰稿时间: 79 年)

简讯

公元前 27 年,罗马万神庙开始建造。根据其建造者阿格里巴所言,这座神庙会具有宏大精美的圆形穹顶,线条之间具有完美的几何关联,是最适合供奉神明的建筑。成品究竟如何?让我们拭目以待。

事件追踪

79 年,维苏威火山爆发,每秒喷出 150 万吨的炽热灰尘和岩石碎屑,将它旁边的庞贝城彻底掩埋。生命、文化、艺术……全都被掩埋进了厚厚的火山灰,不知道怎样的神力才能让城市的遗骸重见天日。

谁能想象，这竟然只是一面墙上的一幅画呢？！

直击 洞窟里的故事

敦煌是一座著名的旅游城市。本报记者在这个假期来到敦煌，在领略了鸣沙山和月牙泉的美景后，意外地发现，敦煌同时也是一座艺术之城……

记者发现，鸣沙山上藏着许多洞窟，每一座洞窟里都有精美的壁画和塑像！而记者今天要说的是这样一幅壁画——《鹿王本生图》。

进入洞窟，色彩绚丽的巨大壁画映入眼帘。据当地人介绍，这种壁画使用了多种颜料，包括来自矿物的朱砂、铜绿、密陀僧、群青，来自草本植物的胭脂红和藤黄，甚至还使用了金箔、金粉作为装饰。《鹿王本生图》中的"鹿王"是一头九色鹿，汇集多种色彩于一身，极具审美价值。读者朋友们可能会感到困惑，何为九色鹿？是彩绘工匠的臆想还是世间确有此物？当地人表示，九色鹿是佛教创始者释迦牟尼的转世，不能将其视为普通的鹿。在壁画里，九色鹿救了一个落水者，并叮嘱落水者不要向他人提及自己见到过九色鹿。

再往前走，画面一转，来到了皇宫。王后梦到了九色鹿，希望能够用它多彩闪亮的皮毛做衣服，用它的鹿角做装饰品。国王欣然应允，下令在全国范围内寻找九色鹿，有谁能提供线索，就给他一笔赏金。

在后面的画面中，记者看见，九色鹿终究还是遭到了背叛。落水者来到皇宫，向国王出卖了九色鹿的踪迹。国王驾车去寻，在山中见到了九色鹿。九色鹿向国王讲述了它救助落水者的过程，国王认为落水者忘恩负义，并被九色鹿的高尚品质深深折服，放弃了猎杀它的打算。而背叛恩人的落水者则遭到了报应，生病死掉了。

看完这一切，记者深有感触。壁画上的巨鹿高大优美，线条流畅，展现出画匠极强的美术功底。这个故事也体现出了善恶有报的是非观，抚慰了人们的心灵。除了《鹿王本生图》，水平类似的壁画在敦煌还有很多，记者相信，敦煌足以成为西北地区的艺术明珠。

（撰稿时间：521 年）

简讯

查士丁尼大帝在 532 年开始重建圣索菲亚大教堂，他选择了一位物理学家和一位数学家担任教堂的总设计师。因此，教堂具有独特的几何美感，每一根石柱的底面形状都和谐对称，正圆形的穹顶辉煌庄严。537 年大教堂重建完成，成为世界上最大的教堂，代表了拜占庭建筑风格的最高水平。

御用画家再出佳作！

摘要

众所周知，著名画家阎立本入宫后，为唐太宗创作了不少优秀作品，包括《秦府十八学士》《凌烟阁功臣二十四人图》等人物画。他笔下的人物神态栩栩如生，线条沉稳、色彩古朴，能够忠实记录人物的状态。这一次他为大家带来了新作《步辇图》，描绘了松赞干布的使者拜见唐太宗时的场景。

吐蕃王松赞干布派使者来到大唐，是为了求娶一位公主，姻亲关系能够让大唐和吐蕃之间更加和平。唐太宗也觉得这是个好主意，于是安排文成公主嫁给松赞干布。必须强调，这对吐蕃与大唐来说都是一件大事，各个部门都为此加班。文艺工作者也不甘示弱，阎立本当即决定创作一幅《步辇图》来记录这一切。本报独家获得了《步辇图》的刊登权，邀请各位读者一同欣赏。

画面的视觉重心落在唐太宗身上。他看起来沉稳威严，端坐于步辇之上，周围环绕着九名宫女，有的抬辇，有的打扇。宫女们的衣着并不十分华贵，但剪裁流畅、色彩鲜艳，足见大唐手工业的发达。画面左边是三位使臣，中间的使臣名为禄东赞，穿衣打扮都和唐人很不一样。红衣官员是朝廷的引见官，白衣者是随行的翻译人员。整个画面疏密有致，右边更加华丽热闹，左边的使臣拱手而立，动作和神态都十分恭敬。

唐太宗看过《步辇图》后，大喜过望，对阎立本高超的绘画水平给予肯定。（撰稿时间：641年）

江山代有人才出

简讯

撰稿时间：713年

近日，民间画家吴道子受诏入宫，成为御用画家。吴道子不负所望，在长安的寺庙里留下了许多壁画，其中以《地狱变相图》尤为出名。人们不禁想起几十年前因画功官拜右相的阎立本，他们同样受到帝王青眼，也同样擅于绘制人物。与阎立本不同的是，吴道子更擅长从佛教、道教中寻找作画题材，绘制了《送子天王图》《八十七神仙图》等更具想象力的作品。真可谓是江山代有人才出，始终有人用画笔记录时代。

画家皇帝的二三事

摘要

宋徽宗赵佶是北宋第八位皇帝，近日朝廷发布了他驾崩的消息，并命令全国百姓服丧。据悉，宋徽宗擅长绘画和书法，其「花鸟画」与「瘦金体」均是一绝。他所画的《写生珍禽图》，里面包含二十余种珍禽异兽，用笔浓淡相宜，历朝历代的画工都争相临摹学习。他所创的毛笔字体「瘦金体」清俊刚直、劲瘦如竹，风格相当突出。本报记者感怀于这位帝王的艺术成就，特作此文，以资纪念。

皇家画院已经成立多年，吸纳了全国的知名画师，画师的地位有所提高，投身于绘画事业的人也越来越多。但酷爱绘画的宋徽宗并不满意，1104 年，他做了一个重要的决定：让绘画进入科举考试。

科举考试是一种用来选拔官员的制度，科举考试的结果决定了一个国家的未来。宋徽宗当然不至于让每一个读书人都学会画画，而是表明态度：画师在他的眼里，和辅佐他治国理政的臣子一样重要。天下画师果然受到感召，纷纷前来参加考试。考试分为六科，分别是佛道、人物、山水、鸟兽、花竹、屋木，题材分得越细，越容易找到专精此道的画师。考题也很特别，是各种诗句，例如"乱山藏古寺"，又例如"竹锁桥边卖酒家"。

听说有一次，他在御花园以"踏花归去马蹄香"为题考察诸位画师。画师们纷纷展开思考，莫不是皇帝刚刚踏花归来？于是有的画出皇帝在马上的英姿，马匹正从花丛中穿过；有的画几匹马在花丛中嬉闹，搅得花瓣纷飞；还有的画一位策马扬鞭的少年，在花丛中显出意气风发的情态。宋徽宗均不满意，这些画里虽然有花、有马蹄，却唯独缺少香味。就在此时，一幅简洁大方的画作吸引了他的注意，画中是一个悠闲的书生，骑在马上，马蹄踏过青石板，却有数只蜜蜂、蝴蝶跟随着马蹄的起落飞舞。宋徽宗见后抚掌大笑，这正是他要找的意境。

读者朋友们应该知道，古诗往往擅长营造意境。用古诗来做题目，就要求画师不能按照字面意思去画，不能仅仅追求形似，而是要体会深层含义，用更加精练的笔法画出神韵和内涵。宋徽宗的出题风格锻炼了画师们的想象力，使他们的作品兼具写实和写意，创作手法更加自由。

攒了大量的画师和画作后，宋徽宗决定把它们分门别类地汇总到一起。读者朋友们可以简单地理解为编写字典：把各种汉字按照拼音和偏旁部首的规则放到一本书里，方便查找。

说干就干！宋徽宗召集人手，安排他们把知名的画家和画作都收录到一本书里，这本书后来被称为《宣和画谱》，宣和是宋徽宗的年号。这本书共收录从晋朝到宋朝的知名画家231人，画作6396幅，书中把这些画按照题材分成了十类。

此时的宋徽宗已经见过无数名画，讨教过无数名师，还有什么样的大作入得了他的眼呢？在画完一张用来练笔的花鸟画之后，他简直觉得有点儿空虚了。五年后，画院呈上一幅长达五米的画卷，画着清明时节热闹繁华的汴京城。看着这些细心描绘的人物、船舶、建筑、车辆、飞禽走兽……宋徽宗一时有些恍惚，他向来不愿凝视这个国家真实的样子，而画上所作又是全然真实的吗？他感到困惑，但不愿考证。就当这是一个美好的愿望吧。宋徽宗提笔，用自己引以为傲的瘦金体在画上题下"清明上河图"五个字。

如今朝廷已经迁到了南方，宋徽宗去世的消息也从北方传来。我们衷心希望这位错生在帝王家的艺术大师，下辈子能够找到合适的工作。（撰稿时间：1135年）

《千里江山图》的局部就能让人连连赞叹。

青绿山水的巅峰之作

本报近日回顾宋徽宗的艺术成就时发现，皇家画院之中卧虎藏龙，有张择端用十年光阴绘制的《清明上河图》，亦有少年天才王希孟用半年时间画成的《千里江山图》，继承了隋唐青绿山水画的衣钵。今天，就让我们一同走进『青绿山水』的魅力世界，感受这种已有五百年历史的绘画方式。

天才的故事总是让人心潮澎湃，尤其是传闻中的少年天才，他们年轻、聪慧、富有活力，把无穷无尽的热情投入自身的事业当中。皇家画院的王希孟正是这样一位少年天才，近日他向宋徽宗献上了一幅《千里江山图》，水平之高令人赞叹，被称为青绿山水画的巅峰之作。

本报有幸刊登的《千里江山图》的局部，尽量还原了描绘山水的青色与绿色，各位读者可以抢先一饱眼福。画面中的青色和绿色来源于矿物颜料石青和石绿，石青是蓝铜矿，石绿是孔雀石，经过研磨就变成了颜料。画家用或轻或重的手法控制色彩的浓淡，使层峦叠嶂的山峰层次分明。与众多画师擅长的花鸟工笔画不同，石青和石绿颜色明丽，闪烁着金属色泽，带给宋朝人来自隋唐的昂扬之感。

还得是年轻人啊！本报记者不由得感叹。但是记者并未在宋徽宗下令编写的《宣和画谱》中发现王希孟的名字，记者内心十分诧异，多方打探，未有所获。（撰稿时间：1136 年）

聚焦

《感天动地窦娥冤》广受好评！

引言

知名剧作家关汉卿近日出版的《感天动地窦娥冤》好评发售中！常有读者刚买到书便迫不及待翻开，或是在街上边走边看，真可谓是手不释卷。种种现象都表明《窦娥冤》是一部现象级作品，本报自然不能错过这一文艺界的大事件。从上周起，本报开始向各位读者朋友征集《窦娥冤》的读后感，并接到了数百封投稿，从中遴选出几封最具代表性的文章刊登在下面。

关汉卿是这个时代最伟大的剧作家！他描写的窦娥是一个善良的人，为了不让自己的婆婆受苦，情愿认下罪名，被判死刑。故事看到这里，我感到非常悲伤。如果窦娥选择婆婆，她自己就会含冤而死，真正的贼人也逍遥法外；如果她选择不认罪，婆婆也要一同遭受拷打和逼供，老人家身体肯定受不了。而我没有料到作者关汉卿在两难的抉择里杀出一条血路，给了窦娥一个超现实的死亡场景，这实在是太让人震撼了。

买花小妹小孙

完全是一派胡言！真不知道这种破烂儿为什么有人看！故事里的太守在证据不足的情况下对窦娥施以重刑，本朝哪有这样的事？关汉卿借窦娥之口编排衙门，说什么"捱千般打拷，万种凌逼，一杖下，一道血，一层皮"，这分明就是丑化太守，丑化衙役，其心可诛！

李太守

读完关汉卿的新作后，我唏嘘不已。书中写，窦娥被斩首前，说自己如果是冤枉的，那么即便在这酷热的六月，也会下起大雪，待到窦娥人头落地，大雪果然降下。可这究竟是让人心里痛快的雪，还是一场迟到的雪？我自诩饱读诗书，心中竟然没有答案。

秀才小周

只有对现实完全失去希望，才把一切都寄托在鬼神上。我对《窦娥冤》结尾的不满也来源于此。在结尾里，窦娥的亲生父亲当上了大官，窦娥的冤魂向父亲诉说冤屈，于是案子被翻出来重审，窦娥得到平反，罪魁祸首则被凌迟处死。幸好《窦娥冤》的故事里还有鬼神。如果没有呢？

书店老板小吴

（撰稿时间：1300 年）

景德镇瓷器热卖，
是良心好货还是一场骗局？

景德镇的制瓷业在唐代就已经十分成熟，中间衰落过一阵子，最近又在市场上重新火爆，许多达官贵人都以买到景德镇出产的瓷器为荣。那么景德镇的瓷器质量能否配得上它的销量呢？值此瓷器节，我们来到景德镇一探究竟。

亲爱的读者朋友们，这一次我们来到了景德镇的湖田窑，为大家追溯货品源头，直击瓷器的生产现场。湖田窑是景德镇的著名窑口之一，盛产青瓷、白瓷和青花瓷。

青瓷是表面上有青色釉的瓷器。据老板所言，青瓷的烧制对炉子的温度要求很高，需要至少1260℃，除了景德镇，很难再有工人能把温度控制得如此准确。对此本报记者事先并不完全相信，但看到这里出产的每一炉青瓷都色泽均匀、毫无瑕疵，老板的话就显得可信起来。而白瓷上的釉是无色透明的。听老板说，为了烧制出好的白瓷，需要把白土里的铁含量降低到1%以下，操作难度可想而知。

最令当地人骄傲的就是景德镇出产的青花瓷，这是一种在白色瓷底上以蓝色染料烧出图案的瓷器。这种蓝色极具魅力，既有雅致风韵，又不乏鲜明浓艳，下至贩夫走卒，上到官宦人家，都对青花瓷深深着迷。"看看，这是多么纯粹的蓝色，比胡人的眼珠还要蓝。"一位生产青花瓷的匠人说道，"这可是景德镇的骄傲！郑和老爷都从这里进货。"

郑和？记者注意到这条线索。郑和可是位大人物。早在1405年，郑和受皇帝之命，率领船队前往西太平洋和印度洋，沿途经过了三十多个国家和地区，用丝绸、金银换来香料和奇珍异兽，还有不同农作物的种子。郑和大人从景德镇采买瓷器，十有八九是为了带着瓷器下西洋，而不是自己留着用。此时一位账房先生恰好路过，记者向他求证。据账房先生所言，郑和大人每次下西洋都要从景德镇购买大批瓷器，像什么爪哇人、暹罗人，对青花瓷都喜欢得不得了，一些国王嘴上不说，其实早就准备好了大批香料，等着跟咱们换青花瓷。

又有制瓷工人提供消息，郑和大人还从西洋带回一种名叫"苏麻离青"的染料，让他们尝试用来烧瓷。没想到烧出的青色纯净浓郁，连最蓝的胡人眼珠也比不上，真是捡到宝了。

没想到景德镇的瓷器不但销量极佳，还得到了郑和的信任，被作为礼物赠送给各个国家的君主，或是以物易物，换一些好东西。有了郑和做担保，景德镇瓷器的品质如何，各位读者想必心中已有答案。（撰稿时间：1420年）

好消息 本报决定组织一场景德镇瓷器团购活动，感兴趣的读者可以来信报名。

告别僵硬！

第一张婚纱照新鲜出炉

尼德兰画派正在欧洲掀起新的风尚！这种脱胎于中世纪艺术的画派继承了一定程度的宗教感，因此宗教故事的题材特别常见。如今一幅名为《阿尔诺芬尼夫妇肖像》的画作横空出世，画出了一对新婚夫妇正在进行神圣的仪式，人物生动，服饰华丽却不僵硬，为画坛吹进一股新风。

尼德兰画派的画家掌握了丰富的绘制宗教画的技巧，出于心目中的敬意，神明的姿态往往肃穆、刻板，衣服往往华贵繁重。一方面，画家们技术高超；另一方面，画家们的作品却与真实生活渐行渐远。我们能否说，尼德兰画派的画家其实不会画真正的"人"呢？然而，一对兄弟却为尼德兰画派带来了一股新风。

扬·凡·艾克和胡伯特·凡·艾克是一对画家兄弟，他们同属于尼德兰画派。这对兄弟使用核桃油等油类调和颜料，让颜色显得更加顺滑润泽，开创了油画这一画种。据了解，哥哥胡伯特·凡·艾克受到市长的邀请，为当地一座教堂绘制一组祭坛画。可惜哥哥英年早逝，后续工作由弟弟扬·凡·艾克接手。这项工作被扬·凡·艾克完成得很好，可以说他深谙宗教画的绘制方法。因此当他在完成这项工作两年后，画出

了《阿尔诺芬尼夫妇肖像》，才更让人感到不可思议。

在《阿尔诺芬尼夫妇肖像》的画面中，一对新婚夫妇正在举行结婚仪式，表情温柔沉静。人物的衣着、室内陈设、光线环境都更加贴近现实生活；尤其是画面底部的一只小狗，看起来栩栩如生，寄托着夫妇二人忠诚于彼此的美好祝愿。

这幅画作的出现，会让欧洲的画家们更加注重人本身的样子，挖掘人的真实情感并表现在画作中。尼德兰风格会迎来一场革新吗？本报将持续关注。（撰稿时间：1434年）

  简讯

科西莫·迪·乔凡尼·德·美第奇是佛罗伦萨的大商人，他于1434年结束流放，返回佛罗伦萨。许多艺术家都追随着这位传奇人物，因为美第奇家族曾经花了大量的金钱去资助艺术家。

让人感到不可思议的《阿尔诺芬尼夫妇肖像》

对话意大利三位大师

你们画的神为什么那么像人？

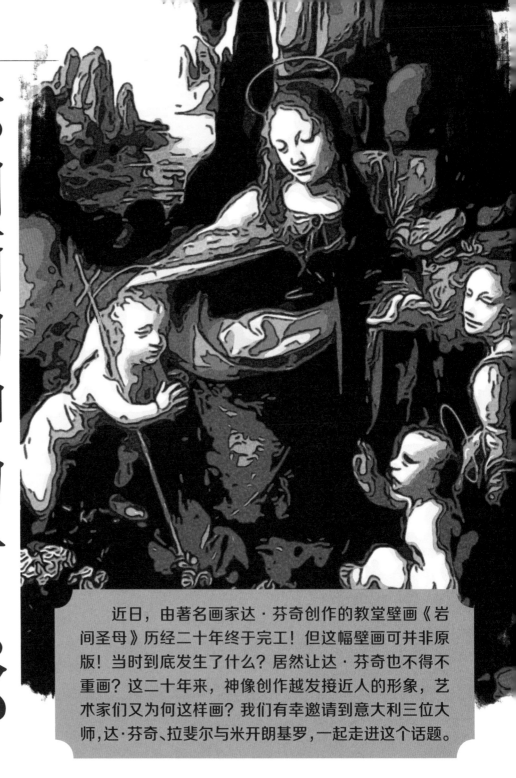

近日，由著名画家达·芬奇创作的教堂壁画《岩间圣母》历经二十年终于完工！但这幅壁画可并非原版！当时到底发生了什么？居然让达·芬奇也不得不重画？这二十年来，神像创作越发接近人的形象，艺术家们又为何这样画？我们有幸邀请到意大利三位大师，达·芬奇、拉斐尔与米开朗基罗，一起走进这个话题。

记者： 达·芬奇先生，本报在 1486 年就刊登过您创作的第一版《岩间圣母》，没想到这幅画竟然让您改了二十年？据说您还因此陷入与教会的经济纠纷？

达·芬奇： 是啊，当时教会说我画得不像神，还威胁说要退单！拖了我二十年的尾款啊！

记者： 但您创作的第一版《岩间圣母》，看起来确实和传统的神像大相径庭，这让很多教徒无法接受，神的头上怎么能没有光环呢？

达·芬奇： 哈哈，谁规定神的头上就得有光环呢？我想教会也不敢说见过神的模样吧。

记者 对于达·芬奇先生的回答，你们二位有什么看法？

米开朗基罗： 说实话，我也没见过神的模样，但艺术一定是来源于现实的。

拉斐尔：我赞同！我想问记者先生，传统神像是什么样的？

记者：就拿圣母像来说吧，传统的圣母像一般都是用头巾遮住头发和身体，神秘而威严，这才符合"天国之母"的形象吧。

米开朗基罗： 遮住身体？太偷懒了！真正的画家就是要描绘外露的肌肉，威严是要用力量争取的，而不是包得严实！

拉斐尔：确实，米先生的画作《圣家族》里，圣母的肌肉比男子还健美呢，但同样不失威严。我想问记者先生，神像传统又从何而来呢？最初基督教还禁止创造神像呢！从中世纪起，教会为了在不识字的平民大众中传播教义，这才有了神像。

记者：所以您是说，那些神的模样只是被教会规定出来的？

达·芬奇： 嗨，别说神啦，我们连人都不够了解。小米提到的肌肉之美也多亏有解剖技术。如果神知晓一切，人又是神的造物，那探索人本身就是通往神最近的道路嘛！

米开朗基罗： 我赞同！创作就是去挖掘人的极限和神性。

记者：原来大家都是戴着脚镣跳舞，与教会周旋呢！怪不得这二十年来，神像越来越贴近世俗生活！

拉斐尔：是。更重要的是，达·芬奇先生这样作画是在复兴真正的文艺传统！

记者：此话怎讲？

拉斐尔：中世纪之前，希腊罗马的绘画并不呆板，而是大胆描绘人的身体、捕捉充满活力的姿态。也就是说，中世纪的文艺倒退了！达·芬奇先生把神画成人，也是在恢复之前自由的文艺精神啊。

达·芬奇： 小拉说得好。敬文艺复兴！

记者：那么未来三位有怎样的计划呢？

达·芬奇： 啊！我的计划太多了，我要进一步学习解剖，研究人体结构，说不定还可以顺便造个飞行器。

拉斐尔：我目前和教会那边有着紧密合作，希望画出教徒与大众都喜爱的圣母像。

米开朗基罗： 呃，我还要继续在高高的脚手架上画教堂的天花板，说到这我就脖子疼！

记者：那么就不耽搁大家的时间了，今天的访谈就此结束。希望各位艺术家也可以创作更接近神性的作品！

（撰稿时间：1508 年）

肖像画已成贵族新风尚

《蒙娜丽莎》是著名画家达·芬奇的代表作，画中的女子看起来优雅沉静，露出神秘的微笑。此画一出，贵族们深感画家水平高超，纷纷联系达·芬奇，想要让达·芬奇来给他们绘制肖像。据悉，达·芬奇对此并不热心。

谁是这个时代最好的艺术家？出于审美差异，不同的人可能会有不同答案，但达·芬奇无疑能够在提名中占据一席之地。他不仅擅长作画，还是一位博学家，对数学、物理学、植物学、天文学、土木工程等学科都有研究，而对这个世界充分的认识和丰沛的好奇心又能够反哺艺术创造，许多人称他的画作是完美的作品。（对于艺术爱好者来说）不幸的是，达·芬奇本人在绘画方面较为拖延，这或许是精益求精的表现，但也客观上造成了他的低产。因此达·芬奇的画作堪称有价无市，许多贵族想要获得，却苦于达·芬奇作品稀少。

因此，在听说达·芬奇为一位女子创作了《蒙娜丽莎》后，许多贵族都蠢蠢欲动，使出手段想要联系达·芬奇，同时对这位幸运的女子十分羡慕——这可是一幅肖像画！要知道，在上个世纪肖像画还并不流行。随着欧洲手工业的发展和贸易活动的增加，人们日子越过越好，也越来越重视自己，肖像画这个品类才异军突起，成为贵族们优先选择的对象。而《蒙娜丽莎》作为达·芬奇的作品，在肖像画的基础上更添巧思。画中女子背后的风景一高一低，色彩也显得柔和，让这位女子仿佛在微微散发

光晕。这其实是本世纪流行的"晕涂法"，使蒙娜丽莎看起来柔和敦厚，又因轮廓不明晰而显出神秘色彩。还有她嘴角那一抹神秘的微笑，令人欲罢不能却无法参透。谁说肖像画画得越像越好，不能有自己的艺术价值？达·芬奇完美地平衡了"肖像"与"艺术"，也让《蒙娜丽莎》成为肖像画的典范。

本报听闻，截至发稿，达·芬奇仍然被众位贵族围追堵截，想要找他绘制肖像。达·芬奇不堪其扰，谁也没有答应。

（撰稿时间：1506 年）

著名画作竟是烂尾工程？

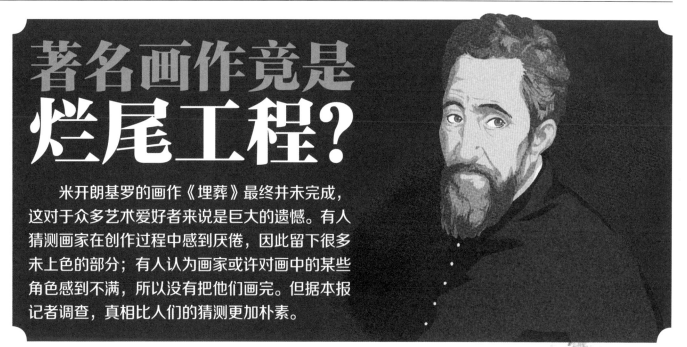

米开朗基罗的画作《埋葬》最终并未完成，这对于众多艺术爱好者来说是巨大的遗憾。有人猜测画家在创作过程中感到厌倦，因此留下很多未上色的部分；有人认为画家或许对画中的某些角色感到不满，所以没有把他们画完。但据本报记者调查，真相比人们的猜测更加朴素。

《埋葬》属于蛋彩画，是用颜料粉混合蛋黄，再加入一些水和油制成的。而颜料粉的来源多种多样，其中一种名为"群青"的颜料最为昂贵。工人们在矿场开采青金石，青金石经过磨制、水洗、过筛等步骤才能成为群青颜料，综合价值可达黄金的十倍，因此极为难得。经过记者的研究，《埋葬》中的很多留白之处都需要使用群青上色！尤其是右下角的圣母玛利亚跪像，需要大量的群青去绘制！这或许是《埋葬》的右下角画面完全空白的原因。

"青金石极为难得，许多画家都要提前预定。我们可不管画家的地位高低，全都是按照下单时间发货的。如果说米开朗基罗下单太晚，那我们对此也无能为力。"矿场主对记者表示。

而一位画家在听完记者的猜测后也表示赞同。"文艺复兴的时代已经到来！每一位画家都在倾尽全力，画出满意的作品。如果没有合适的颜料，我宁愿放弃，也不会换一种颜色来凑合。尊敬的米开朗基罗先生一定也是这样想的。"

如今米开朗基罗已经过世数年，画作残缺的真正原因无从得知。但根据现有的信息，我们有理由相信，是颜料的缺失让他没有画完这幅作品。对于美术界来说，实在是非常遗憾。截止到目前，蓝色颜料在市场上依然价格高昂，供不应求，限制了许多艺术家的发挥。希望未来人们能发现不输于群青质感的蓝色颜料，不会耽误文艺复兴的进程！（撰稿时间：1570 年）

影评 游园惊梦
牡丹亭

汤显祖所著的《牡丹亭》讲述了南安太守之女杜丽娘和书生柳梦梅之间的爱情故事，因其唱词优美，感情细腻，受到了广大戏迷的热烈追捧。而近日，《牡丹亭》戏班来到本市演出，作为汤显祖的忠实观众，本报记者第一时间买票前往。

一切开始于台上的杜丽娘听到家庭教师为她讲了一首名为《关雎》的情诗，芳心大动，夜有所梦，在梦中邂逅一个书生，与他度过了美妙的时光。台下观众多是富家小姐，观看到此处时纷纷发出惊叹，又遗憾于柳梦梅的梦中人身份，痛惜杜丽娘无法和他结为夫妻。记者的心也被狠狠攥住，这样完美的情郎却只能在梦里遇到，真是太遗憾了。杜丽娘醒来后，发现一切都是一场空，反应比台下的观众还要大，竟然郁郁寡欢而亡。可这戏才演了个开头，后面还有三十场，故事断不可能就此结束……

怀着困惑，一位扮相秀美的男演员翩翩而来，众人一看，这不就是杜丽娘朝思暮想的书生柳梦梅吗？原来他竟是真实存在的人。只听见一位小姐喃喃："可是……可是她已经死了呀。"声音里带着哭腔。是啊，此时杜丽娘已经郁郁而终，两人就此错过。慢着，台上的柳书生捡到了杜小姐生前的自画像！汤显祖真是勾动人心的高手，让观众的一颗心跟随剧情七上八下。

果不其然，自画像就如同一个信物，让杜丽娘的鬼魂和柳梦梅成功相遇。可是人鬼之恋哪能长久，这出戏来到一个重要的剧情点：让杜丽娘复活，方法是挖开她的坟墓。常言道人死不能复生，挖坟掘墓更是罪大恶极。考验柳梦梅的时刻到了，他必须完全信任杜丽娘，才会铤而走险，做这桩犯法的事。问世间情为何物？至情之中能否生出绝对的信任？观众所期待的是什么呢？是犯下重罪，但有可能复活爱人？还是让生活回归正轨，安安心心求取功名？每个少女都希望自己的爱人选择前者，而作者汤显祖不负众望，让柳梦梅经受住了考验。

演到此处，台下的观众俱是一身轻松。爱情得到认证，双方都没有退缩，这就是最理想化的结局。至于后面的小波折都只是在为坚贞的爱情做更多证明，不会再让人悬起一颗心。结局自然是大团圆，杜丽娘成功复活，与梦中的书生柳梦梅喜结连理。不少观众也喜极而泣，被这份坚贞的感情所打动。

爱情往往是戏剧中最常见的题材，汤显祖却能够做到让波折层层递进，爱情在波折里经受淬炼，焕发出耀目的光彩，不愧是本朝最强剧作家！（撰稿时间：1617 年）

简讯 | 1616 年

"英国戏剧之父"莎士比亚离世。这位伟大的剧作家生前创作过不少脍炙人口的爱情故事，其中以《罗密欧与朱丽叶》最为著名。故事讲述了少年罗密欧和少女朱丽叶彼此相爱，却因无法冲破家庭的阻隔而双双自尽，实在是令人叹惋。

伦勃朗的工钱该不该被扣减？

近日，著名画家伦勃朗受到邀请，绘制一幅集体像，可是这幅画却因为光线分布不均引起集体像中很多人不满，导致伦勃朗的工钱被扣减了很多。针对这个问题，人们众说纷纭。今天，本报邀请到了两位辩论达人，请他们就这一问题提出各自的观点。

正方　　辩论时间：1642 年　　**反方**

正方

我觉得应该扣减。在这幅画里，有的人可以清楚地看到脸，有的人的脸在阴影中，什么都看不清——他们付的钱都是一样的。这十分不公平，一样的钱却得到了不一样的效果，所以我觉得那些画像里看不清脸的人应该少给钱，这才公平。

既然我们付钱了，我们就是甲方，我们就有提出自己要求的权利。我们并不在乎伦勃朗擅长什么，我们只在乎伦勃朗能给到我们什么。我们花了钱却得不到自己想要的东西，那我们凭什么花钱？

艺术加工？要是这么说的话，我觉得伦勃朗的艺术加工并不成功，甚至可以说是失败！

……

反方

我觉得不应该扣减。首先，我们必须承认，这幅画是一幅艺术含量极高的画作，这一切都要归功于伦勃朗对于光线的把握——他最被大家熟知的也是运用光线明暗设计去突出画中的层次感和戏剧性。既然早知道这样，为什么还要找伦勃朗画呢？

据我所知，当时总共有十六个人在画里，如果把十六个人完全画成一样的效果，那还不如直接为十六人每人来一幅个人画像呢！既然想要一幅集体像，那就必须尊重画家对于画像的艺术加工。

事实绝非如此。伦勃朗的艺术加工实在是太成功，他让这幅集体像不再死板！要知道，这幅集体像里可是有非常强烈的明暗对比，画面的层次感也由此而来。而且，在他的创作下，每个人都有了动作，显得非常真实和生动。我相信这幅画有机会在未来成为一幅名画！

读者朋友们，你们觉得伦勃朗的工钱该不该被扣减呢？

专访 *Johannes Vermeer*
他为什么会被称为"光影魔术师"？

画中少女回眸的瞬间，珍珠耳环居然微微晃动！这就是荷兰大画家维米尔的最新画作——《戴珍珠耳环的少女》！很多画迷都很好奇，画中少女究竟是谁？迷人的光影又隐藏怎样的秘密？本报非常荣幸地邀请到了画家本人来为大家解惑。

记者： 维米尔先生您好！《戴珍珠耳环的少女》如此迷人，又被大家称为"荷兰的《蒙娜丽莎》"，大家都很好奇，这位少女是不是也有一个像"蒙娜丽莎"一样的名字呢？

维米尔： 嗯，这幅画是我的得意之作，不过很抱歉，我不能透露画中少女的名字。

记者： 哈哈哈哈，既然如此，那就请您向我们分享一下这幅画美在哪里吧。

维米尔： 请您仔细看这幅画，能感觉到什么呢？

记者： 哎？这幅画是挺神奇的，我觉得她既像是要转身回来又像是要离开？

维米尔： 这就对啦！说明我对光影的良苦用心没有白费啊。珍珠耳环闪耀的光微妙地打破了画面的平衡，让画面看起来不再静止不动！

记者： 原来如此！怪不得大家称呼您是"光影魔术师"！您是如何捕捉这变化莫测的光影的呢？

维米尔： 这就要提到我的朋友列文虎克，他是荷兰著名的科学家，显微镜就是他发明的！

记者： 哦！原来是他！

维米尔： 从他那里我了解了很多关于光的知识和仪器，这么有趣的知识当然要拿来用用！

记者： 可您这魔法一般的光影，却被用来画些普通得不能再普通的日常，是不是有点浪费您的才华呢？我看到您之前的许多画作也都是取材于市民生活，比如《倒牛奶的女仆》，您为什么喜欢这类风俗题材呢？

维米尔： 这些都是我的朋友和客户们的真实生活场景啊，虽然看起来普通却蕴含一种满足。我想，这也是荷兰市民对理想生活的期待吧。知足常乐嘛！

记者： 但是我听说，在颜料上您可不知足啊！甚至还为了购买颜料而背负了债务，这是怎么回事？

维米尔： 这也是没有办法的事啊，柠檬黄与蓝色是我最喜欢用的，搭配起来宁静又清新，那就是我要表达的感受，我的画作里面绝对不能没有它们啊！不行！那样的生活我无法想象！

记者： 好吧，这就是艺术家的执着吧！不过话说回来，如果没有忠于自我感受的表达，也就不会有《戴珍珠耳环的少女》，更不会有我们现在所看到的这片静谧的光影了吧！（撰稿时间：1665 年）

快讯

平民画师
出版署名绘本

日前，平民画师菱川师宣的绘本《武家百人一首》顺利出版，这标志着发源于平民的"浮世绘"艺术风格获得了统治者和平民百姓的双重认可。

"浮世绘"是指反映平民生活的一类画作，但在很长一段时间难等大雅之堂。日本本土更加流行"大和绘"，题材包括各种宫廷场景、建筑物、自然风景等。毕竟，长期以来艺术享受是上层阶级的专属，能够出版的画作全都符合贵族的审美，而与百姓的生活相去甚远。

而绘本《武家百人一首》的出版是一个重要的转折点，作为出版行业从业者，本报记者也对此感到欣喜。与贵族审美不同，《武家百人一首》所绘的是百余位喜好唱歌的武士，旁边还写有歌词和注释。画面中，每一位武士服饰上花纹的描绘都极尽细致，重复出现，排列整齐，看起来像一种绣花图案。而这些武士有的唱歌，有的展示英姿，就像给"歌词本"配上了插图。在此之前，从未有过关于平民娱乐的绘本能够出版，这也印证了"浮世绘"并非是一种画法，而是对平民生活的积极诠释——平民也要娱乐，也能娱乐，也能没有羞耻感地展示娱乐。

记者走访菱川师宣的家乡，了解到画家出身刺绣世家，也做过刺绣设计的工作，因此才对衣服上的花纹非常重视。虽然父亲只是一位平民刺绣师，菱川师宣却在这个阶级划分十分严格的时代受到了认可，或许这是日本社会阶级感松动的前兆。（撰稿时间：1672 年）

直击！
我们的王竟如此高贵！

一位在皇宫里做事的匿名人士向本报投稿。他认为人们对现任国王路易十四的认识不够深刻，且国王常居宫中，的确很少有机会让百姓们一览他的英姿，这让他感到非常遗憾。

亲爱的读者朋友们，大家好，我自小在皇宫中做事，距今已有三十年。在国王路易十四即位后，由于职位低微，我没有机会见到他，只是听说过他的英姿和政绩。坦诚讲我的心里对此缺乏实感，因为伟大的国王毕竟离我太遥远了。直到有一天，我见到了御用画师亚森特·里戈为国王绘制的全身像，一种高贵威严的气质霎时间将我笼罩，我认为我有必要将如此震撼人心的国王形象告诉大家！

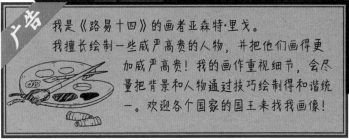

画中的国王穿着沉重华丽的长袍，上面绣着金色鸢尾花，手握权杖，背后有金色佩剑，还穿着高跟鞋，眼神中透露出凛冽气质。国王站在柱子面前，柱子的底座上雕刻着正义女神。此刻，国王心中的正义与正义女神的形象合二为一！

这幅画像令我十分激动，我终于"见"到了我们的王！

（撰稿时间：1701 年）

简讯 | 1710 年

凡尔赛宫全部建设完成，成为欧洲最豪华的宫殿，处处散发着色彩绚丽的奢侈之美，这种豪华的宫廷风格被称为"巴洛克"风格。

访谈 板桥润格公布，背后理由为何

摘要

"润格"是一位书画家出售作品的价目标准。说到价目标准，我们往往会想到街边的小贩、商铺、酒楼……很少会想到文人。文人卖字卖画，从没听说有人把自己的作品明码标价的。而近日，本朝有名的书画家郑板桥将自己出售作品的价目表公之于众。

大幅六两，中幅四两，小幅二两，条幅对联一两，扇子斗方五钱。

本报记者在一个僻静的小酒馆，成功采访到了郑板桥，让我们一起来看看当事人是怎么说的。

来！先来喝一杯！

撰稿时间：1759 年

郑先生且慢，酒精会损害我的智力，我还是不喝了，直接进入正题吧。对您列出的润格费，我们十分好奇。虽然看起来价格比较公道，但古往今来，从没有哪位画家把自己的作品明码标价过。您不怕这样做会让您名声受损吗？

总要有人第一个吃螃蟹吧。你有所不知，我是个清官。现在不做官，没了俸禄，我不去卖画，难道喝西北风？

对于您说的我完全理解，也了解到您做官期间工资很低，还常常自己出钱补贴穷苦的百姓，实在是我们读书人的楷模。但您或许可以更委婉、更收敛一些，也不用非要把价目表写出来……

你知道现在什么人最有钱吗？

商人？

确切地说，是盐商。盐商想要一瞬间花掉一万金，就用这一万金来买金箔，在山上顺着风抛洒。那些金箔像蝴蝶一样飞舞，很快远去，消失不见。而我在山东做了十几年知县，深知百姓不易。农民遇上荒年，一年的辛勤劳作全打了水漂。人和人的生活差距怎么会大到这种地步，不会是因为农民不努力工作吧？你刚刚说，我可以更委婉、更收敛一些，那些撒金箔的人更委婉了吗？我只是挣点钱，还要怎么委婉？

您知道的，当地的富商对您这么做……颇有微词。你们是……君子之交……

你究竟是来采访我，还是来说服我？我受够了他们利用书画家来装点门面，一个有名的画家对他们来说就像戒指上的一颗宝石，是纯粹的装饰品。次次从我这里索要画作，次次不给钱，出了门就去吹嘘和我"私交甚笃"。我呸，给我当孙子我都嫌岁数大。

确实……确实是岁数大了些……

好了，你走吧，我是不会改变决定的。正所谓"画竹多于买竹钱，纸高六尺价三千。任渠话旧论交接，只当秋风过耳边。"谁也别来烦我了，他们爱说什么说什么，总而言之言而总之我就是要钱，不付钱就通通滚出去。

藏在画作背后的信息

亲爱的读者朋友们，无论您是一位拥有爵位的贵族，还是在路边流浪的乞丐，或许都能感受到某种新的社会思潮正在形成。1783年，美国独立战争结束，法国因暗中帮助美国而陷入财政危机，国王路易十六因此而加强了赋税……与此同时，法国的失业率居高不下。在这暗流涌动的时代，每个人的情绪都需要一个出口，艺术家也难以逃离时代的洪流……

简讯 🔍

1793年，法国不再有国王。君主立宪制已经灭亡，作为国王私域的卢浮宫宣布正式对外开放，成为一个博物馆，用以展出法国王室两百多年来收集的艺术品。

来自卢浮宫的艺术家雅克·路易·大卫近日展出了他的画作《荷拉斯兄弟之誓》，画面中的三兄弟紧密地站在一起，立下效忠国家的誓言，而哭泣的女性家属则处在画面的角落。

在这幅画作中，男人们姿态坚定，伸直的胳膊代表着理性的高扬。女人们则身体倾斜，哀伤落泪，展现出感性。感性最终无

法阻止理性，男人依旧要为民族和祖国的荣誉而战斗，这便是这幅画的核心观念。

家庭的牵绊、宗教的规训，在国家面前通通不再重要。这是否是时代的召唤？每位国民都需要秉持这样的信念吗？或许读到本文的你内心也在激烈地挣扎。快些做出选择吧，我们的时间已经不多了。（撰稿时间：1784年）

简讯

1793年，雅各宾派领袖保尔·马拉遇刺身亡。马拉生前的政治立场较为激进，写过多篇有关革命的论辩文章，也对普通民众的权利多加维护。雅克·路易·大卫为其绘制了《马拉之死》，以纪念这位革命烈士。

你能从《马拉之死》中读到什么信息呢？

"落选者沙龙"令人震惊

本世纪，法国人对艺术的热爱空前强烈。法兰西美术学院每年都会举办画展，邀请各位艺术家提供自己的画作。然而今年却出了乱子，共有三千名艺术家送上了自己的画作，展品数目高达五千幅，但其中三千幅画都遭到了拒绝，不乏名家名作，这让法国民众深感不满。为了安抚民众，国王拿破仑三世开办了"落选者沙龙"。

"落选者沙龙"在工业宫的一个房间开展，展出了不被美术学院认可的画作。为了平息民众的怒气，国王拿破仑三世不得不这样做，但他本人似乎并不完全乐意。本报记者进入展厅时，看到了著名画家马奈的《草地上的午餐》，画作的内容有些超前，但是能看出来是一幅了不起的画作。然而，记者听闻国王和王后前来观展时，看到这幅作品扭头就走。记者猜测，如果不是因为画展已经开始，不能擅自违背民众的意愿撤回，我们的国王陛下想必会撤回这一展览。

记者继续浏览，发现这些"落选者"作品与学院派的确有着明显区别。不少画作在内容上都缺乏对神明的描绘，而是将目光投向个人生活，画出熙熙攘攘的街

道、午后田园风光等看起来"小家子气"的画面，甚至是生活中极为庸常的画面，譬如在草地上吃午餐的游客、平静站立的白衣女人也能够作为画的主题被细心描绘。

这些画面似乎难以取悦国王。记者理解国王的不喜，但认为这是一个很好的趋势。艺术家们不被宏大的神明、国王所绑架，而是从生活细节中获取灵感，这意味着他们的心灵变得更加自由，艺术之路也会越来越宽广。（撰稿时间：1863 年）

印象派诞生记

4月15日，一场名为《无名画家、雕刻家、版画家协会展》的展览在巴黎举办。著名的印象派画家莫奈作为发起人之一，为展会提供了作品《日出·印象》。

普法战争结束后，整个社会都处于动荡之中。艺术或者说艺术家们作为社会思潮的晴雨表，也自然而然发生了一些变化。一部分艺术家提倡走出室内，感受户外的自然风光，体会光影下的事物，用视觉去捕捉物体表面丰富的颜色变幻。

历史已经无数次告诉我们，变革往往会受到阻力。传统画家因为多在室内作画，室内光线必然要比室外昏暗，因此颜色的变化也就非常细微，且总体上围绕着"是什么色就画什么色"的观点。面对走出室内的艺术家们的笔触多变、色彩不羁的画作，传统画家感到不可理喻，因此，由传统画家把持着基本风格的巴黎沙龙拒绝接受他们的作品。

但他们难道会屈服吗？当然不会！由莫奈牵头，二十九位画家办了属于自己的画展，命名为《无名画家、雕刻家、版画家协会展》，其中莫奈贡献出一幅《日出·印象》，受到了广泛关注。一部分原因是这幅画的确呈现出了日出的美丽图景，另一部分原因则来自指责。批评家认为这幅画糊成一团，看起来令人难受，并以"印象主义"来讽刺他们。没错，"印象"二字一开始含有讽刺意味，但莫奈接受"印象"一词，这就是物体印在一个人眼睛里的景象，看到什么就画出什么，有何不可呢？

从此，"印象派"就成了这些画家共同的艺术风格，这场展览也向公众证明了此类画作的艺术价值。去户外吧！去用眼睛观察吧！去真实地呈现自己的所见所思吧！动荡的社会里，我们更需要真诚地对待自己。这或许不是印象派画家想说的，却是他们真实践行的。（撰稿时间：1874 年）

惠斯勒案全记录

惠勒斯控告拉斯金诽谤的案子终于尘埃落定。法院判决惠勒斯胜诉，但败诉的拉斯金只需赔偿少量金钱。这或许意味着，在法律上，拉斯金的确构成了诽谤；但在情理上，他没有犯任何错误。

当惠勒斯在法庭上陈述自己受到诽谤的内容时，旁听者都感受到一丝幽默。一年前，惠勒斯的画作《黑色与金色下的夜曲：坠落的烟火》在伦敦格罗夫纳画廊展出，画作内容为金色烟火在公园上空绽放，有人影在水边观看烟火。平心而论，这幅画作颇具美感，色彩的运用精妙，带来静谧与阴郁的氛围。引起争议的是画作中"烟火"的部分，由于作画方式是在画布上洒上油漆点，而非传统地使用画笔，遭到了艺术评论家拉斯金的批评。拉斯金说他"就好像在观众脸上洒了一盆油漆"，意指他蔑视观众。

"天地良心！"惠勒斯在法庭上为自己伸冤。"我对观众可没有丝毫的不尊重。反倒是这位拉斯金先生，四年之前就说我的画是'绝对的垃圾'，早就看我不顺眼了！"拉斯金则立刻反唇相讥，表示任何一位艺术评论家都有权利评论公开展出的艺术作品，如果只愿意听好话，不愿意听批评，就应该把画挂在家里欣赏，何必拿出来展出，收大家一笔门票费呢？

双方各执一词，都有道理，旁听者也在下面窃窃私语。最终法官的裁决也是"各打五十大板"，判定拉斯金败诉，但只需要付出很少的赔偿金，这些钱连一瓶饮料都买不到。

实不相瞒，本报记者对此持反对意见。一幅画能够给人美的享受就可以了，何必去计较画家背后出了多大力呢？艺术家就是应该勇于探索各种表达情感、氛围、景物的艺术方式，拉斯金的评判方式早就过时了。在此，《好奇心时报》也向惠勒斯先生发出邀约：欢迎您来给本报的新闻绘制插画！（撰稿时间：1678 年）

"割耳事件"的原委到底是什么？

上周，著名画家文森特·梵高被人在医院偶遇，令人惊骇的是，梵高的一只耳朵已经不见了。当时警察用手掩住梵高还在流血的伤口，大喊着让医生尽快来处理。根据目击者的描述，梵高亲手割下了自己的耳朵，并被警察送来医院……

梵高先生据传患有多年燥郁症，一直未有好转。去年，著名的印象派画家高更来和梵高同住。读者朋友们读到这儿，或许期待这两位天才画家之间能够擦出什么艺术的火花，但事与愿违。据他们的邻居所说，高更搬来后，梵高的脾气变得愈加暴躁，眼神也愈加阴郁，两人常常爆发出剧烈争吵，但往往是梵高先陷入沉默。

据本报记者走访了解，在割耳事件发生的当夜，梵高和高更爆发了史无前例的争吵。梵高精神失控，割掉了自己的耳朵，并把耳朵寄给了他和高更的共同好友。第二天梵高被警察送到医院，在昏沉中他呼唤高更，期望见高更一面。但当警察找到高更，高更却拒绝探望梵高，并对警察说："如果梵高问起，就说我已经回到了巴黎。"

实际上，记者也采访了他们的邻居，并获得了不同的说法。当晚，是高更在争吵中割掉了梵高的耳朵，梵高似乎发出了一声惨叫。但当警察前来，梵高却说是自己失手割掉了自己的耳朵，或许是为了保护高更。

真相如何，公众最终不能得知。高更返回巴黎，而梵高躺在医院，出院后又被送往一家精神病院接受治疗。他未来的艺术道路会如何铺展？目前看来实在令人担忧。（撰稿时间：1889 年）

简讯 🔍

1908 年，古斯塔夫·克林姆特展出了自己的一幅油画《吻》，画面中心是一对正在拥抱的情侣，他们的身上粘贴着金、银和铂金制成的箔片。此画一出，立刻大受欢迎，并在展览时被奥地利政府购买。

《蒙娜丽莎》被盗！
知名画家毕加索被传讯

1911年，卢浮宫中最伟大的画作之一《蒙娜丽莎》失窃，警方接到消息后立即开始破案，著名画家毕加索亦被警方传讯。本报将持续对这一事件进行关注。

卢浮宫的安保措施一直为人所诟病。卢浮宫中约有150名保安，负责看守25万件以上的藏品。在卢浮宫完成一场盗窃是很难的事情吗？答案或许是否定的。1911年8月11日，《蒙娜丽莎》在玻璃橱窗中被盗，法国警方立刻展开调查，媒体也陆续报道这桩案件。

或许是媒体起到的"放大器"功效，全国都知道了这桩失窃案。而后，一个名叫皮耶雷的年轻人拿着一尊伊比利亚雕像来到《巴黎日报》报社，并表示在卢浮宫里盗窃藏品实在容易，例如这尊小雕像就是他从卢浮宫偷来的。

《巴黎日报》对此如实报道，本报记者也有所耳闻。但是经过记者的调查，发现这件事对著名画家毕加索造成了不小的影响。毕加索在看见报道后担惊受怕，魂不守舍，因为他十分喜爱伊比利亚艺术，并将这种画面简单、抽象的风格应用于自己的画作。出于这份喜爱，他曾向皮耶雷购买过两尊伊比利亚风格小雕像，现在看来，这两尊小雕像无疑是卢浮宫被盗的藏品！

喜爱的艺术品变成了烫手山芋，毕加索惶惶不可终日，他向记者表示，当时他认为自己已经没有未来了。而根据他的女友费尔南德所说，在警察到来的时候，毕加索非常紧张，浑身颤抖，甚至连衣服也穿不上。当然，随着警方对案件的深入调查，毕加索最终洗脱了嫌疑，回到家中。之后，他的艺术风格也有所改变，所创作的《椅子上的静物》是一幅拼贴画，油画布上贴着一块带有藤椅纹路的布料，还把一小截绳子贴在画上，使一幅画并不完全由"画"的动作完成。

无论如何，这件事对毕加索来说都是无妄之灾。记者在此呼吁，警方办案应当更加慎重，更加考虑人们的心理承受能力。（撰稿时间：1912年）

毕加索的作品《格尔尼卡》充斥着强烈的情感力量。

为《蒙娜丽莎》画上胡须，
是艺术创新还是哗众取宠？

第一次世界大战已经过去一年，世界秩序在战争中重构。艺术能够反映人们的精神世界，战后人们感到幻灭、迷茫，这是因为现有的规则已被打破，新的规则仍未建立。于是艺术风潮有所转变，却并未来到稳定的状态，许多艺术家开始创造一些狂乱、天马行空、令人困惑的作品，杜尚近日发布的《蒙娜丽莎》便是如此。

这幅作品是基于达·芬奇《蒙娜丽莎》的再创造，却给蒙娜丽莎画上了浓重的山羊胡子。一位智慧、娴静的女性形象被打碎了，两撇胡子令观众下意识对她的性别感到困惑。但杜尚究竟想要表达什么呢？几位读者朋友表达了不同的意见。

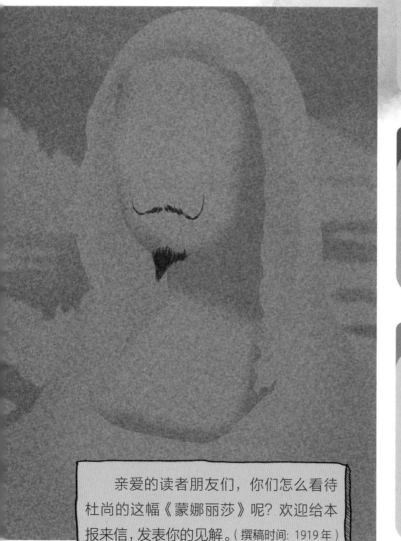

亲爱的读者朋友们，你们怎么看待杜尚的这幅《蒙娜丽莎》呢？欢迎给本报来信，发表你的见解。（撰稿时间：1919年）

读者 1

杜尚只是想去冒犯，却并不清楚自己到底要冒犯什么，于是选择了人类历史上最伟大的画作之一《蒙娜丽莎》。怎么说呢，当你不知道要冒犯什么的时候，冒犯一件地位最高的作品总是没错的。

读者 2

杜尚的行为对我来说非常幼稚，因为"打碎"这一行为实在太容易了，我在蒙娜丽莎脸上划一刀是否也能创造出一件艺术品呢？如果创造一件艺术品几乎不费任何力气，只是折腾前人的作品，这种行为究竟为什么能被称为艺术创作？

读者 3

我觉得这件作品挺有意思。艺术是不可能断代的，脑子不清楚也要搞艺术。国家如何发展，战后如何恢复人们的心灵……这些大问题是艺术家迷茫的根源，但不可能被一朝一夕解决。此时此刻，杜尚用蒙娜丽莎的山羊胡推翻权威、释放迷茫。仔细想想，给课本上的所有名人画胡子，是不是也出于同样的原因？

超现实主义流派宣称 将达利开除

著名的画家达利近日遭到超现实主义流派的开除，这一消息在社会各界引起了轩然大波。因为达利最著名的画作《记忆的永恒》充满了超现实元素，在大众看来，他完全有资格作为超现实主义流派中的核心人物。那么为什么达利会被超现实主义流派开除呢？本报记者带你找到答案。

"超现实主义可以与政治毫无关联。"达利曾经向公众表达过这样的想法。但超现实主义团体领导人布勒东对达利的观点表示谴责，认为他只顾自己，对政治漠不关心。一个不关心政治的人，客观上是在助长反派（也就是法西斯）的气焰，布勒东及其追随者感到完全不可接受，决定在超现实主义流派内部开除达利。

这也引发了记者的思考。在达利最有名的画作《记忆的永恒》里，我们可以看到画面中间有一张古怪、变形的人脸侧面，一面柔软的钟表放在人脸上。眼睛闭着，从中伸出大量纤长的睫毛。这是一个非常"超现实"的生物，不止一次在达利的作品中出现，似乎代表着达利精神上的"自己"。这样一个如此关心自己头脑，以至于自恋地把自己安排在画作正中央的人，让他去思考政治问题，或许并不现实。

达利对政治的回避可以理解。虽然这种回避显得孱弱且毫无用处，但世界上总要有一两个在政治方面毫无用处的艺术家吧。（撰稿时间：1934 年）

又双叒叕……
买到了齐白石的赝品！

齐白石是中国著名画家，擅长画花鸟、虾蟹、瓜果、玩具等生活中常见的事物。画法自成一家，对红色和墨色的运用令人称道。每个艺术品收藏家都以得到齐白石的画作为毕生目标。一些骗子盯上了这类求画若渴的收藏家，近几年已有多人受骗。

近日，"齐白石赝品受害者联盟"的成员杨先生向本报反映，他再一次上当受骗，买到了一幅赝品，真可谓是"一天上三当，当当都一样"。本报记者到杨先生家中了解情况，发现他的确是齐白石老先生的头号粉丝，家中有不少画作分别被陈列于"真迹区"和"赝品区"。

这次的假画是杨先生在书画行托人订购的，卖家说自己的父亲是齐白石先生的救命恩人，因此得到赠画。杨先生大喜过望，加上书画行里也有一位熟人作保，就愉快地付了钱。画上是两只青蟹，旁边有水草点缀。齐白石画蟹堪称一绝，能够用三笔画出蟹壳，用墨浓淡适宜，在纸面上活灵活现。而杨先生购买的这幅蟹图得其神韵，也是三笔画出蟹壳，蟹脚尖锐凌厉。说到此处，杨先生猛拍大腿，感慨骗子画得

太像，让他这齐白石的拥趸也着了道。旋即他自我安慰道："齐白石的画，市场上九成九都是假的，我偶然走眼一次，不打紧。"

但据记者考证，"九成九"实属夸张，一半的假货含量倒是有的。齐白石的画作清新质朴，又有文人风骨，吸收了石涛、徐渭等绘画大家的优点，在艺术价值上可称当世第一。这就引来许多人学习临摹，临摹得像了，再盖上仿制的印章，流入市场就变成了赝品，这可真是"人红是非多"。

杨先生知晓此画为假，是因为前几日齐白石赝品受害者联盟把齐白石老先生请到了现场，联盟成员有拿不准真假的画可以直接询问。记者离开时，杨先生已经进行了一番自我安慰，恢复了活力。"要不是手里有一幅拿不准的画，或许还见不到齐白石呢。"

记者见杨先生如此乐观，并没有受到太大打击，便放下心来。也希望杨先生能早日追回被骗的钱财，买到更多的真迹。（撰稿时间：1940 年）

史前卢浮宫——法国拉斯科洞穴大亮相！

几位少年意外发现了拉斯科洞穴的入口，原本以为是通往拉斯科庄园的神秘通道，进入后才发现别有洞天，一幅幅壁画在眼前铺展，穿越千年的史前艺术直击心灵。

居住在多尔多涅省蒙蒂尼亚克镇的少年拉维达没有想到，他的一次无心之举，竟让 17000 年前的壁画重见天日。

9 月 12 日，他和宠物狗在野外玩耍，小狗却不慎掉入洞穴。或许是希望有人壮胆，他连忙找到自己的三位朋友，四人利用绳子一起下到洞穴深处。进入洞穴后，少年们发现岩壁上有大量的画作，内容主要是动物、人物和一些抽象符号。他们立即将这一发现告诉了当地的史前博物馆馆长，自此，拉斯科洞穴壁画开始进入人们的视野。

拉斯科洞穴壁画里出现最多的动物是马，共有 300 多幅，其次是鹿和牛，还有一头熊，这是整个洞穴里唯一的熊。这些画作并不完全写实，例如石壁上有一头身长约 5.2 米的黑牛，体格远远超过现实中的牛。但是这头牛线条却十分逼真，极具动感，肌肉也看起来强健有力。在绘制大角鹿的时候，史前人类也对鹿角进行了夸张，使得整头鹿更显威严，甚至透出魔幻色彩。

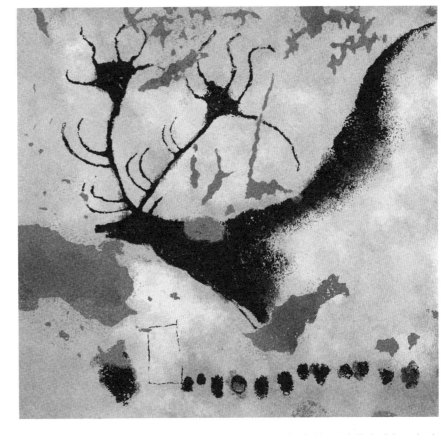

同时，人们发现，17000 年前的人也已学会使用矿物颜料。牛腹的红色来源于赤铁矿，黑色则来源于氧化铁。他们还利用动物脂肪制造出油漆，使颜色更加鲜亮，更容易停留在岩壁上。

不知是有意还是巧合，壁画完成一段时间后，洞口即被封死，使壁画并未在漫长的年月中遭到风吹雨淋。极低的破坏程度、丰富的壁画种类、超高的艺术价值，使得拉斯科洞穴壁画获得了"史前的卢浮宫"的称号，而少年拉维达和他的朋友们也成了这次发现的大功臣。（撰稿时间：1940 年）

又一幅《奔马图》完成！
大师为什么专注画马？

引言

一周前，本报记者采访到了著名画家徐悲鸿。这次采访只有一个目的，就是解决读者朋友们若干年来的疑问——徐悲鸿为什么这么喜欢画马？

奔跑的马、静止的马、饮水的马、成群结队的马……只要是马能够摆出的造型，徐悲鸿全都画过。他对马的痴迷远远超过其他绘画题材，让人非常好奇。希望这次的采访能够让关心这个问题的读者朋友们获得答案。

记者：名作《奔马图》展现了马奔跑时的姿态，画作栩栩如生，马匹简直要冲破纸面，朝观众奔来。这样气势如虹的作品是如何创作出来的？

徐悲鸿：《奔马图》作于 1941 年，那一年到处都在打仗。1938 年，武汉陷落，长沙作为进入西南各省的关口之一就显得尤其重要。日军想要占领长沙，先打了第一次长沙会战，又打了第二次。中日双方一直交缠，胜负难分，每天的伤亡数字都在更新。为了拦住日本兵，中国军人做出了很大的牺牲，长沙也做出了很大的牺牲。胜负未分之际，我决心画一幅《奔马图》来鼓舞士气。中国人是对马有感情的，马的英姿能够代表抵抗侵略的中国人民不屈不挠、奋勇争先的精神，而这正是我想要表达的。

记者：除了奔马图，您还画过许多不同姿态的马，可以看出您对马十分喜爱。能不能跟我们说说，您为什么这么喜欢马呢？

徐悲鸿： 我在国外学习美术很多年，走得越远就越思念中国。中国文人自古以来就喜欢画马，每个朝代都有自己的画马大师。譬如李公麟画《五马图》，采用了白描技法，对整个中国的绘画艺术都影响深远。古人觉得马生来潇洒俊逸，有贵公子的气质。也有画家以马喻人，将自我投射在马的身上。不知你有没有仔细观察过马，除了奔马，马还有许多种姿态。有时一匹马静静立在水边，看起来冷峻、孤寂，和我某一时刻的内心相呼应。马虽不懂人，但能唤起人的情感，这就很了不起了。

记者：有没有什么画马的小秘诀传授给喜欢你的朋友？

徐悲鸿： 画马是没有捷径的，画什么也没有捷径。所谓秘诀，只要你踏实去做，自己也很容易就能摸索到。一匹马要如何动起来？是不是用骨骼牵引肌肉？所以就要去研究马的解剖学，研究马的每一块骨头的位置，每一块骨头负责让哪些肌肉动起来。说白了就是去全方位地了解马，越了解画得越好。还要多画，多练习，熟能生巧。

　　这次采访让记者对徐悲鸿的人格和追求艺术的心路历程都有了更多了解，也希望读者朋友们能够受到激励，在自己的生活中也要像骏马一样飞驰！（撰稿时间：1941 年）

专访 MAURITS CORNELIS ESCHER
埃舍尔
和他的"不可能的建筑"

近日，埃舍尔的又一力作《瀑布》横空出世，这位荷兰艺术家竟然创造了"水往高处流"的奇幻画面！他究竟是怎样做到的呢？今天，埃舍尔本人也来到了现场，带领大家一起进入他画笔之下的"视觉迷宫"！

记者： 有人向本报指出了《瀑布》里面的错误，水明明是从高处往低处流，可是在您的画里，瀑布竟然从下面的水渠流到了上面的水塔里！您对此有什么看法呢？

埃舍尔： 在现实当中，这种事自然不会发生。但是您别忘了，《瀑布》只是一幅画，大家看到的"水往高处流"其实是一种视觉错觉。

记者： 视觉错觉？

埃舍尔： 没错。日常生活中其实有很多视觉错觉，比如说，您觉得画面左下角的那丛植物是什么呢？

记者： 这形状看起来很像珊瑚啊，不过珊瑚为什么会长在花园里呢？

埃舍尔： 想不到吧，这丛植物实际上是被放大的苔藓。我在显微镜里观察到，苔藓的微观结构竟然和珊瑚很像，因此我把它放在了这里。果然如我所料，这一切迷惑了大家的眼睛。

记者： 这样太神奇了！

埃舍尔： 这就是一种视觉错觉。其实我们的眼睛习惯于认出那些我们经常看到的、熟悉的事物。比如我们经常会看到这种形状的珊瑚，所以在看到这种图形时，就会理所当然地认为这是珊瑚。

记者： 原来如此。我想起来了，我曾经也把门后的衣架不小心看成一个高个子的人。

埃舍尔： 对！我们的眼睛记住的不是事物，而是事物在某个视角下的图形，所以不同的事物也可能因为图形形状相似而被我们认错。这其实也是几何图形的奇妙之处，我也想要把这些东西加到作品中。

记者： 您的作品的确向我们展示了惊人的几何之美，所以比起"画家"这个头衔，称呼您为"图形艺术家"是不是更合适呢？

埃舍尔： 当然，我很喜欢这个身份。而且，我还想通过这幅画传递给大家一个信息，那就是我们不能轻信视觉经验，眼见不一定为实，我们还是要多多分析才行啊。

记者： 没错，奇幻的想象与严密的理性好像天然就是不可分割的整体。或许 我们应该反思一下，未来该如何看待艺术了！（撰稿时间：1964 年）

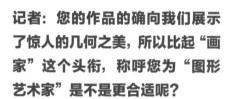

《瀑布》中的水到底流向何处？

快讯

机器人艾伦与人类合作的首部作品完成！

加利福尼亚大学圣地亚哥分校的教授哈罗德·科恩编写了一个电脑程序，能够让电脑控制机械手臂作画。电脑程序＋机械手臂的组合可以被视为机器人，这个机器人的名字叫艾伦。近日，科恩教授在威尼斯双年展上向大家展示了艾伦的第一幅绘画作品，引发了各界关注。

电脑是 20 世纪最伟大的发明，顾名思义，电脑是一种利用电能驱动的大脑。电脑的另一个名字是计算机，两个名字合起来看，能够感受到人类对电脑的期望——成为超越人脑的计算工具。现在，电脑的作用已经远远超过单纯的"计算"，不同的科学家通过编写电脑程序的方式，来让电脑做各种各样的事情。但"各种各样的事情"里出现了绘画，这依然超出了人们的想象。

绘画、写作等创造类行为一直被认为只有人类才能完成，因为艺术品的第一要务是打动人类，机器怎么能打动人类呢？这让很多艺术家感到茫然，究竟是我们理解错了"艺术"，还是理解错了"机器"？机器在未来会替代真正的画家吗？艾伦的出现掀起了更多的问题讨论。但艾伦可不管这些，它依然在坚持创作。由于它的创造者科恩教授擅长绘制色彩艳丽的抽象画，艾伦的画作也显现出类似特征。

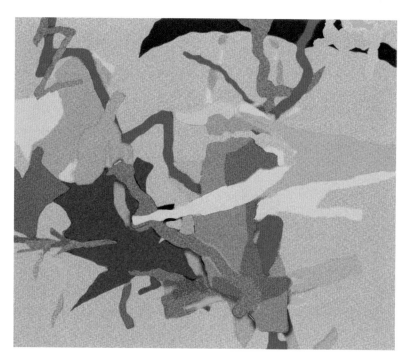

而如今，一个艾伦已经出现，更多的"电脑艺术家"还会远吗？人们紧张且困惑地注视着这一切，不知道未来的"电脑艺术家"都能画出哪些东西。（撰稿时间：1973 年）

AI 艺术真的实现了有手就会画吗？

注：AI 是 artificial intelligence（人工智能）的缩写。

经记者调查，发展至今，可以供人使用 AI 绘画的网络平台已经有很多，但它们都有一个共同之处，就是需要使用者输入"关键词"，AI 会通过关键词来绘制相关画作。比如说，当输入"兔子"，AI 就会画出一只兔子。但这只兔子很难和输入者心里想要的兔子相契合，因为兔子的种类、毛发颜色、动作等各种属性和状态的信息都还没传递给 AI。

随着电脑、手机的普及，传统的纸质媒体已经日渐衰落，本报也由纸质报刊改为了电子杂志，"好奇心时报"APP 于十年前在各大应用商店上线。近日本报发现，市面上出现了许多教人用 AI 画画的课程，有些还联系了本报，想要刊登广告。本报记者对此进行了调查。

这些关键词，让你一秒变身设计大师！

这样就出现一个问题：究竟输入哪些关键词才能获得心里想要的画面？基于此（本质上是人类和 AI 的沟通问题），一门教人怎么输入准确关键词的课程应运而生。

原来如此！记者不禁感叹。AI 的发展替代了许多岗位，却也出现了一些意想不到的赚钱方式。AI 艺术，或者说 AI 的发展究竟会去向何方？ AI 是否能够独立打造出一整套《好奇心时报》？本报也将刊发更多 AI 相关的文章，与您共同关注这场重大的科技变革。（撰稿时间：2024 年）

简讯

2018 年 10 月 25 日，由人工智能创作的艺术作品《埃德蒙·贝拉米肖像》以 432000 美元（约合 300 万人民币）的高价成功拍卖。这幅画看起来像一件未完成的习作，或许 AI 对此有自己的想法？画面右下角是一个函数，正是这个函数生成了《埃德蒙·贝拉米肖像》——在它根本不知道埃德蒙·贝拉米是谁的情况下。

艺术家的艺术人生

艺术家在大多数人的心中都是一个神奇的存在：他们似乎总是风光且自由，惬意而闲适。"艺术家"这一称谓的背后好像总是蕴藏着无限的生命力和创造力。其实当我们回顾他们的人生轨迹和创作经历时却发现，山顶的风光和低谷的沉寂似乎总是共存，艺术家这一身份，好像也并不总是光彩夺目。所以，艺术家到底是什么？就这一问题，记者挑选了本报的几位读者进行采访。

艺术家是世界的探索者，他们跨越时空，留下精神财富；艺术家是灵魂的雕塑家，他们架起心灵的桥梁，连接你和我；艺术家是闲云野鹤，也是时代急先锋；艺术家什么都是，也什么都不是。

某位想要出名的
诗人

我感觉艺术家都挺奇怪的，无论是思想还是行为我都不是很理解。他们创作的诗歌啊绘画啊之类的，我也都看不太懂，音乐我也听不太懂，不知道他们想表达什么。可能是因为我没有艺术细胞吧！

不愿透露姓名的
路人甲

我觉得艺术家听起来就非常神秘，他们都是很厉害的人。他们画画很漂亮，写字很好看，唱歌也很好听。如果可以的话，有朝一日我也想成为一名艺术家！

好奇心小学的
二年级学生

我觉得我也算个艺术爱好者吧。我非常喜欢书法，比如会经常逛书法展、临字帖等。所以我非常理解也非常欣赏艺术家们，他们通过艺术作品来与世界对话、与我们交流，他们能够将想法通过多种多样的艺术形式表现出来。所以在我心中，艺术家就是这个世界的翻译家。

某位
书法爱好者

记者在对一众艺术家进行采访的过程中发现，"艺术家"这一概念好像很难一概而论，"艺术家"可能也仅仅是他们多重身份中的一种。但无论怎样，他们对于艺术的追求和理想却是一脉相承的，他们都在用自己的方式诠释艺术的内涵与价值。

《好奇心时报》的
记者

"艺术家是什么"这个问题，好像很难回答，每个人心中都有不同的答案。

从仰韶文化的彩陶到 AI 艺术的涌现，艺术发展的历程波澜壮阔，绘画、雕刻、文学、表演等各类艺术形式百花齐放。这些不同的艺术形式不仅展现了人类创造力的无限可能，也成为一面后世参悟历史的镜子。即便时隔百年千年，我们依旧能从中洞悉不同历史时期和文化背景下的社会风貌与人文情怀。那么艺术家是什么呢？各位读者，你们又会给什么样的答案呢？

时代在变化，很高兴能一直陪着你，和你共同领略艺术和艺术家的风采。

——《好奇心时报》

撰稿时间：2025 年

创作团队 CREATIVE TEAM

米莱童书

　　米莱童书是由国内多位资深童书编辑、插画家组成的原创童书研发平台。旗下作品曾获得 2019 年度"中国好书"，2019、2020 年度"桂冠童书"等荣誉；创作内容多次入选"原动力"中国原创动漫出版扶持计划。作为中国新闻出版业科技与标准重点实验室（跨领域综合方向）授牌的中国青少年科普内容研发与推广基地，米莱童书一贯致力于对传统童书进行内容与形式的升级迭代，开发一流原创童书作品，适应当代中国家庭更高的阅读与学习需求。

策 划 人： 韩茹冰

原创编辑： 张婉月　毕莹莹　朱梦笔　孙楚楚　李传文

漫画绘制： 朱梦笔　都一乐　王　啸

装帧设计： 马司雯

图书在版编目（CIP）数据

艺术家每天都在做什么？/ 米莱童书著绘 . -- 北京：
北京理工大学出版社 , 2025. 3.
（好奇心时报）.
ISBN 978-7-5763-4631-2

Ⅰ . K815.7-49

中国国家版本馆 CIP 数据核字第 2025QY1329 号

责任编辑 / 徐艳君　　**文案编辑 /** 徐艳君
责任校对 / 刘亚男　　**责任印制 /** 王美丽

出版发行 / 北京理工大学出版社有限责任公司
社　　址 / 北京市丰台区四合庄路 6 号
邮　　编 / 100070
电　　话 / (010) 82563891 （童书售后服务热线）
网　　址 / http : //www. bitpress . com. cn

版 印 次 / 2025 年 3 月第 1 版第 1 次印刷
印　　刷 / 北京尚唐印刷包装有限公司
开　　本 / 889 mm×1194 mm 1/16
印　　张 / 12
字　　数 / 300 千字
定　　价 / 99.00 元（全 3 册）

好奇心时报

CURIOSITY TIMES 永远保持探索世界的热情

哲学家每天都在做什么？

米莱童书 著 / 绘

北京理工大学出版社

BEIJING INSTITUTE OF TECHNOLOGY PRESS

好奇心时报 CURIOSITY TIMES

不知道你是不是像我一样，一直对这个世界感到好奇。

很小的时候，我就喜欢看着天上飞来飞去的小鸟，想知道它们是从哪里来，又会飞到哪里去。长大之后，生活中出现了很多新的事物，手机、电脑……每一种新事物出现的时候，我都会好奇，它们好像凭空出现在我们的生活中，然后帮助我们做那么多事情。后来我才发现，一切其实并不是毫无预兆的，在我们不知道的时候，有一群同样对世界好奇的人正在用他们的方式影响着这个世界。

好奇，就是对自己不熟悉的事情产生兴趣，并且渴望对它们有更加深入的了解。南宋诗人陆游在将近七十岁的时候写下这样一句诗："放翁百念俱已矣，独有好奇心未死。"意思就是说，在他已经没有什么念想的时候，心中的好奇却还始终如一。

陆游如此珍视的好奇心，自生命诞生之初，就已经在地球上悄然萌发：我们的祖先对树下的世界好奇着，历史上的先辈们也在对社会的发展好奇着，现在的我们也对这些人好奇着。《好奇心时报》就是一套送给你的礼物，邀请你一起，带上好奇心一起去探寻那些可能熟悉、可能陌生的人物和事物。

《好奇心时报》把镜头聚焦于古今中外的那些发明家，带着你深入探索 35 位发明家如何通过发明去影响这个世界。或许你曾经在某些地方听说过他们，对他们的丰功伟绩了然于胸，但是《好奇心时报》跨越时间和空间，带你来到了这些你只听说过的人的身边。墨子是怎么用他的口才以及发明智退楚王的？数学家祖冲之竟然在百忙之余发明了造福百姓的农具？"发明大王"爱迪生成名前的第一项发明竟然没有人认可？……《好奇心时报》的记者深入一线，仔细记录发明家们生活中的点滴和发明历程，记录他们的发明创造是怎样影响那个时代，又是怎样影响我们的生活的。

除了发明家，《好奇心时报》记者的笔下也记录了古今中外的 39 位艺术家。有的艺术家你可能有所耳闻：梵高割下耳朵是为艺术献身吗？王希孟画下令世人惊叹的《千里江山图》，却为何没能留名《宣和画谱》？郑板桥给自己的字画公开标价，竟然遭人鄙夷？知名画家毕加索竟被险些当作盗取名画的疑犯？……这些艺术家在创作的过程中，用艺术记录下来的世界、用身心经历的人生将由《好奇心时报》的记者一一记录，并展

现在你的眼前。不止如此,《好奇心时报》的记者也记录下来那些你可能不太熟悉的艺术和艺术家:一块泥砖也能做成艺术品?杜尚为什么要给蒙娜丽莎画上小胡子?人工智能也能当艺术家了?……打开《好奇心时报》,一起去了解看似"荒诞""古怪"的行为背后,艺术家们对这个世界的"反叛"。

记者们还保持最大的好奇,找到了古今中外的 42 位哲学家,从首先提出"万物本源到底是什么"这一问题的古希腊哲学家泰勒斯,到享誉哲学界的天才哲学家维特根斯坦,《好奇心时报》带你一起去认识这个世界。当然,你也会在这份"报纸"上看到一些奇怪的报道:大名鼎鼎的斯多葛学派的代表人物赛内卡,竟然是言行不一之人?南宋理学家朱熹去拜访郑樵,郑樵竟然用简陋的饭菜招待他?……当你真的走进这些哲学家的世界,深入了解他们,就会恍然大悟,原来好奇心指引下的他们是这样探寻世界的奥秘的。或许,在这个过程中,你也会对这个我们生存的世界产生自己独到的见解。

《好奇心时报》涉猎广泛,和这个世界息息相关的一切都是这份"报纸"所好奇的。发明家在改变世界,艺术家在记录世界,哲学家在认识世界,而《好奇心时报》的记者们则是用笔杆子记录下来这一切。撰稿、评论、投稿、访谈,你能在这份"报纸"上看到当年发生的一切,看到每一个领域从古至今的发展。

欢迎你订阅《好奇心时报》,欢迎你去往每一个年代,认识更多的人,找到独属于你的好奇心。

时代在变化,祝你永远保持探索世界的热情。

目录 CONTENTS

LET THE PHILOSOPHER TELL YOU

直击现场：
朱熹前去拜访著名史学家郑樵，竟然遭到这样对待！

朱熹提出的"格物致知"理论深入人心。为了了解朱熹，小编对他进行了一番观察，没想到结果却让人震惊。

43

本期封面

柏拉图学园

欢迎订阅 好奇心时报

泰勒斯：水是万物之源

前几日，古希腊著名思想家泰勒斯提出了一个哲学问题——什么是万物之源。本报记者感到不解，此前好像从来没有人进行过这样的思考。什么是万物之源，也就是说我们所生活的这个世界里的一切，是由什么产生的。记者随机采访了一些围观群众，他们给出了一些诸如"母亲""老天爷"等答案。接下来，记者将带领大家，在泰勒斯给本报的投稿中寻找答案。

一直有人问我，为什么会提出这样的问题，我想先讲一下我自己。

作为土生土长的米利都人，我不仅很熟悉这座城市，而且喜欢去外面学习和探索。外面的世界是广阔的，就像看不到边界的天空，让我无限沉迷。可是去的地方越多，我就越困惑——无边无际的世界到底是怎样产生的？终于，最近的一次埃及之旅让我找到了答案。原来，水就是万物之源！

到过埃及的朋友们都知道，那里干旱无比，埃及人赖以生存的就是尼罗河。而我这次去埃及，恰逢尼罗河退潮的时节。原以为只是一次普通的退潮，可是我却在退潮后留下的大片淤泥中发现了无数微小的胚芽和幼虫！这一定不是凭空出现的，一定是水孕育了这些生命！

我不禁开始思考，水会不会和这个世界的来源有关系。

水不仅能孕育生命，更是每个生命生存的基础。想想，我们不是每天都在喝水吗？那些动物、植物也是如此。没有了水，就不会有任何生命！而自然界中的万事万物，也同样依赖水而生存。比如雨水从天而降滋养大地，而大地上的雨水之后又会蒸发变成水蒸气回到天空。

这说明什么？这说明天空有水，地上有水，生命里有水，万事万物中都有水！这证实了我的猜想，水和这个世界的来源有关系。水，就是万物之源！

这就是我的答案。听闻《好奇心时报》对"什么是万物之源"这个问题很感兴趣，我很高兴，这意味着有更多的人开始思考这个问题。

如果有不同见解，欢迎来与我讨论。（投稿时间：公元前 580 年）

广告

天时地利，橄榄可期，诚租大批榨油机用于季节性使用。

联系人：泰勒斯
地址：米利都市场，租金面谈。

本报评论

泰勒斯的回答引人深思。不过，到底什么是才万物本源呢？本报记者认为，对于这个问题，不同的人或许有不同的答案。探索世界本质的路途必然是曲折而艰辛的，需要由一个个不同的思想碰撞在一起，才能产生照亮世界的火花。欢迎大家投稿，阐述你所认为的"世界本源"吧！

阿那克西曼德来信称：
水不是万物之源

泰勒斯的投稿刊登后，一石激起千层浪。有人来信表示很认可泰勒斯"水是万物之源"的言论，而有人则投稿反对。在反对的声音中，我们看到了一个熟悉的名字——阿那克西曼德。作为古希腊另一位著名的哲学家，阿那克西曼德的声音同样也不容忽视。

在米利都，提到阿那克西曼德，那是无人不知、无人不晓。很多人说，他是泰勒斯的学生，但是他本人并没有正面提及过这件事。

在给本报的来信中，阿那克西曼德肯定了泰勒斯先生的部分观点——他们都认为这个世界是由某种单一物质构成的。但是阿那克西曼德认为，这种单一物质绝不是水。他在来信中这样写道：

如果水能变成我身上的衣服，能变成人居住的房子，我会愿意给予这个观点一些肯定。可是我们都知道，水不能变成这些，不然人人都能住进大房子了。所以说，水怎么会是万物的本源呢？

除此之外，阿那克西曼德还讲述了他对于万物本源的看法。他认为，万物本源是一种叫作"无际"的事物，也就是充斥在我们生活中的无限的物质。可是信中关于"无际"的阐述实在是艰涩难懂，为了让读者能够更好地理解他的观点，本报记者准备前往阿那克西曼德的宅邸就这一问题进行采访。

然而，在出发之前，本报得到消息，阿那克西曼德正忙于绘制一种叫作"地图"的东西，最近一段时间谢绝来访。因此，本报将阿那克西曼德的观点转述给大家，看看大家对此是否有别样的见解。（撰稿时间：公元前 580 年）

简讯

阿那克西曼德在米利都新殖民地阿波罗尼亚发表演说，告诫人们不许吃鱼。他认为，我们人类是从一种海洋鱼类演化而来的，鱼类是我们的同胞，因此人们不应该吃鱼。

新观点！
阿那克西米尼提出气体是万物之源

作为阿那克西曼德和泰勒斯的学生，阿那克西米尼也一直在尝试以客观事实来解释这个世界。近日，他提出了"气体是万物之源"的理论，这一理论的提出再次为"万物本源论"的讨论增添了浓重的一笔。

近日，米利都的民众们评选出了哲学界的"米利都三杰"，除了声名在外的泰勒斯和阿那克西曼德，年轻的阿那克西米尼也位列其中。

作为"米利都三杰"中最年轻的哲学家，阿那克西米尼对两位前辈的一些观点提出了怀疑："水不是万物之源，无际也不是万物之源，真正的万物之源其实存在于我们生活的空气中。"

关于"什么是万物本源"这个问题，本报一直在持续关注，在听说阿那克西

简讯

公元前 494 年，波斯军队攻占了米利都，米利都的黄金时代宣告结束。

米尼提出了新的观点后，本报记者立刻预约了这位哲学界新秀的访谈。阿纳克西米尼也很激动，冒着倾盆大雨前来赴约，为记者讲述了他的观点。

"气体才是真正的万物之源，我们人类需要呼吸空气才能够生存下去，不，不只是人类，这个世界中的生命都依赖着空气，也就是说，空气，或者说是气体，维持着我们这个世界的运转！"

阿那克西米尼坚称他的观点是现今最为全面和完善的，本报对此不予评论，但是他敢于质疑前辈的精神，还是值得大家学习的。（投稿时间：公元前 555 年）

疑案

是谁杀死了希帕索斯？

昨日，地中海海边惊现一具男尸。经查证，死者乃是毕达哥拉斯学派的一名叫希帕索斯的学生，而希帕索斯的死与毕达哥拉斯学派可能也有莫大的关系。

据悉，希帕索斯几年前因为发现"无理数"，从而动摇了毕达哥拉斯学派"世界只有整数和分数"的"真理"，因此被学派视为"叛徒"并对其进行追杀，使得希帕索斯只得流亡国外；如今他再次现身希腊，想不到竟然已不在人世。本报收到众多来稿，均表明他们怀疑毕达哥拉斯学派杀死了希帕索斯，更有几位匿名读者说自己亲眼看到毕达哥拉斯学派的人将希帕索斯扔进了地中海里。为探索真相，本报记者特意去采访了毕达哥拉斯。

记者见到了毕达哥拉斯，可是他却矢口否认自己有希帕索斯这个学生。"我的年龄很大了，很多事情都记不清了，不过我可以确定的是，我没有希帕索斯这个学生，我也从未听过他的什么无理数。我只知道世界有整数和分数，而且整数和分数也是万物的本源，是它们构成了万物，这是唯一的真理。无理数？它的名字里甚至不配出现'数'这个字。"毕达哥拉斯一脸不屑地说。

毕达哥拉斯态度坚决，记者知道多说无益，于是便想找其他教徒了解情况，可是其他人全都闭口不言——他们再一次封锁了消息，正如他们当初封锁希帕索斯的"无理数"思想一样。

记者无功而返，可在回去的路上却看见两个小男孩在讨论边长为1的正方形里，对角线的长度——这正是当年希帕索斯所提出无理数的题目。此刻，记者明白，杀害希帕索斯的凶手到底是谁已不再重要，真正重要的是，希帕索斯提出的无理数将继续流传下去，为更多的人所熟知。（撰稿时间：公元前510年）

小伙自视甚高教训老子，
不料被老子用三句话道出性格缺陷

引言

著名思想家老子门前总是堆着一些食材。据周围邻居介绍，这些食材里不乏昂贵之物，可老子却置之不理，任由食物腐烂。邻居虽然诧异，但也表示理解，或许是伟大的思想家心怀慈悲，把食物分给路过的蛇虫鼠蚁。没想到，一位暴躁小伙的闯入却让事情变得扑朔迷离。

据本报记者走访调查发现，暴躁小伙名叫士成绮，他在某一天拍开了老子的大门，一脸愤怒地指责老子："你邋里邋遢，浪费粮食，没有一点圣人的样子！"可老子却只是平静地听着，既不回屋，也不露出什么表情。围观群众向记者表示："当时的老子真是冷静啊，就像被骂的人不是他一样。"

然而，围观群众却接着表示，第二天事情迎来反转，士成绮竟再度上门，向老子道歉。他先是惭愧鞠躬，表达歉意，又小心翼翼地向老子讲述心中困惑。"我昨天对您发了一通脾气，心里忽然有了一些理不清的感想。虽然现在还有点糊涂，但我的心灵确实发生了变化。这可真神奇！"

老子却随手摘了一把野果，放到嘴里咀嚼，仍然维持着平静的状态。"你无论说我什么，我都不会在乎。我的心保持'不动'，无论是我的人格还是情绪，都不会因为你的话语而变化。所以你随便说，

你说我是猪，那我就是猪；你说我是蟑螂，那我就是蟑螂。"

一个路过的小孩听到了老子这番言论，他向记者表示："我问老子是蟑螂也没关系吗，没想到他直接把果核吐到了草丛里，说'没关系，随便说'，我第一次见到这样的人呢！"

后来，据说士成绮似有所感，但又不能立刻把思绪梳理清楚，于是朝着老子拜了三拜，便准备离去。

然而，要说这士成绮也是幸运，或许是赶上老子心情好，又多指点了他几句。"你的心灵就像马槽里拴着的大叫驴，只要有松开绳子的机会，就立刻大'动'特'动'，早晚有一天要倒霉。"

老子说完这话就离开了，只留下士成绮呆在原地，半天没有动弹，不知道是悟出了更高深的道理，还是被打击得失去了灵魂。

（撰稿时间：保密）

圣人孔子险些遇害！
紧急关头临危不惧

近日，孔子途经宋国，来此讲学。本报记者对其慕名已久，立刻赶过去，想要亲眼看看这个世间最有德行的人。没想到的是，宋国官员桓魋竟派人驱赶孔子！正当记者气愤之际，孔子却临危不乱，向众人阐述了自己的道德观念。

众所周知，孔子正在带着弟子们周游列国，不辞辛劳沿途讲学。近日，孔子终于来到了宋国。记者听说此消息后，一直在孔子的必经之道守候，果不其然，见到了从远方而来的孔子。

天气炎热，孔子带领弟子们歇息在一棵大树下。正当记者想要上前采访时，一大批村民从四面八方涌过来，围住了孔子一行人，想要看看这位声名远扬的大圣人。记者被挤到了人群之外，还不知道里面发生了什么，就听见孔子开始朗声讲述起他的观点。

每个人都很兴奋，记者也深受感染，刚拿出来纸笔，准备记录下来这可贵的一幕时，一队粗鲁的士兵冲了过来。记者上前询问，却被为首的士兵一把推开，他瞪着眼睛，大声冲着人群喊道："我等奉宋国司马桓魋之命，前来驱赶孔子。孔子小儿，还不速速离去！"此番言论引发了村民们的不满，众人纷纷嚷了起来，记者也很气愤，准备将这一切记录下来，之后公之于众！

这时，事件当事人孔子从人群中走了出来，表示不会离去。这队卫兵见状，竟然砍倒了乘凉的大树，还对孔子发出了死亡威胁："如果你不离开，我们就在这里把你杀掉！"大树轰然倒下，险些砸到在旁记录的记者。村民们被这番举动吓得离去了，孔子的弟子却上前把他围在中间，和卫兵对峙。而孔子只是捋捋胡须，对卫兵说道："天生德于予，桓魋其如予何？"

士兵们听见这句话，挠头抓耳地不知道作何反应。他们可能无法理解，但是一直钻研孔子论著的

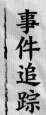

记者却突然茅塞顿开了，这看似简单的一句话，其实正是孔子的伟大之处啊！"天生德于予"，意思是"天"把高尚的德行赐予我，这也就解释了为什么孔子是这天下最有德行的人——是上天的安排。而孔子接受了上天的安排，展现出"能力越大，责任越大"的风采。他广收弟子，因材施教，走遍世界，四处授课，这一切都是为了把上天赐予的"德"传授给人们。承载着上天愿望的孔子，怎么会被区区一个桓魋所摆布呢？

记者并不相信老天爷真的存在，但在这一刻，记者完全被孔子的信仰之力所打动。孔子坚守着自己的信念，身体力行去实现它，即便遭到驱赶、受到生命的威胁也决不放弃，这是何等崇高的精神啊！

（撰稿时间：公元前 500 年）

事件追踪

孔子最终和他的弟子们匆匆离开了宋国，记者深感惋惜。后来，记者的线人传来小道消息，桓魋驱赶孔子，原来是出于嫉妒。他见孔子受人爱戴、身材魁梧，又有宋国贵族血统，于是把孔子当成潜在的竞争对手，故而下令驱赶。

然而这一行为激怒了他的领导宋景公，君臣之间生出嫌隙，桓魋接下来的日子恐怕不会太好过了。

你"变"了吗?

近日,一种名为"变"的哲学开始在以弗所地区流传,本报记者特别采访了它的提出者——著名哲学家赫拉克利特,请他为我们详细讲述他的最新理论。

据悉,赫拉克利特先生并不喜欢与人交际,他认为这个世界上绝大部分人都是坏人。为此,记者特意寻到了与赫拉克利特相熟之人,请他代为引荐。

见到赫拉克利特时,他正背着手站在河边,丝丝缕缕的阳光映照在他稍显坚韧的脸上。他已经知道我们的来访,此刻却头也不抬地说道:"听说你们想要了解'变'的哲学,老实说,我并不觉得普通民众能够理解我的思想,您确定想要继续我们的谈话吗?"

在记者的恳请下,赫拉克利特还是为我们讲述了"变"的哲学。

"看到这条河了吗?"他脱下鞋袜站在了河里,"这是我第一次踏入这条河流。"

就在记者不明所以的时候,赫拉克利特走回了岸边,然后再一次从岸边走进了河里,站在了和上一次相同的位置。他看着记者说道:"这是我第二次踏入这条河流。请问,这两次我踏入的是同一条河流吗?"

"这自然是同一条河流。"记者脱口而出。赫拉克利特却笑着摇了摇头,他看着记者说道"所以说,我不觉得你们能够理解我的思想。要知道,人不可能两次踏入同一条河流。因为河里的水在不断地流动,哪怕这两次我站在了同样的位置,河流中的水也不再是当初的水了。"

赫拉克利特说,这个世界的万物都在变化,水流在变化,人类在变化,树苗在变化,"变"让这个世界充满了未知,也让一切不断地向前发展。

记者记录下了这一切。在采访结束时,赫拉克利特依旧站在流动的河流里,仿佛还在体会着永恒不断的"变"。(撰稿时间:公元前498年)

讣告 | 公元前483年

古希腊哲学家赫拉克利特为治疗水肿病,尝试用牛粪的热力吸出身体里的水,最终不治身亡,享年60岁。

对话巴门尼德 Parmenides of Elea
感官并不可靠

众所周知，人是通过各种感官——眼睛、鼻子、耳朵等去了解世界的，可是今天的这位来宾却从不相信感官。这到底是怎么一回事呢？接下来，让我们有请今天的嘉宾——巴门尼德先生，让他来讲讲自己的见解。

记者： 巴门尼德先生，您并不相信感官是吗？

巴门尼德： 嗯，感官并不可靠。

记者： 您为什么会这么想呢？

巴门尼德： 你早餐吃的什么？

记者： 啊？我……我吃了一个面包。

巴门尼德： 你看见了面包，然后吃掉了它，你又看不见了，你觉得你的眼睛还可靠吗？

记者： 我看不见面包是因为我把它吃掉了。这是一个变化的过程，从存在到不存在。

巴门尼德： 不不不，你要知道，存在就是存在，不存在就是不存在，两者之间是不可能转化的。

记者： 什么意思？

巴门尼德： 很简单。你看见面包，它就是存在的，我们能说它不存在吗？

记者： 不能。

巴门尼德： 因为它确实存在，我们才说它存在；如果它不存在，我们不会说它是存在的，对吧？

记者： 好、好像是对的？

巴门尼德： 所以存在的东西是一定存在的，不会有从存在到不存在的变化，这是真理。

记者： 就是说即使我吃掉了面包，它也是存在的？

巴门尼德： 没错，所以我们凭借感官认知到面包不存在其实是错误的。因此我才说感官并不可靠。

（撰稿时间：公元前 462 年）

读者来信

有一次我看见我的弟子颜回偷吃米饭，这令我十分生气，可后来我才知道，他并不是在偷吃，而只是将米饭上的尘土拂去。所以，亲眼看见的，也不一定是事情的真相。

——孔子

不敢苟同。我觉得人所获得的知识都是通过感官获得的，比如您说的食物面包，我们若想知道它的味道，就一定要亲口尝尝才可以。对了，请问面包是什么食物？好吃吗？

——墨子

直播简介

近日，古希腊著名哲学家、曾提出万物是由水火土气四原素构成的恩培多克斯为证明自己是"神"，决定跳入埃特纳火山口。本报记者受邀进行现场直播，亲眼见证"神"的诞生。

文字直播

主播 本报记者 14:00:13

大家好，欢迎来到本报直播间，我们此刻正在埃特纳火山上距离火山口 500 米的位置为您进行现场直播。恩培多克斯就在我的身边，几分钟后，他将向火山口前进，并跳入火山口。不得不说，这里真的非常热!

主播 本报记者 14:02:51

埃特纳火山是一座死火山，绝不会喷发，感谢大家的关心。

嘉宾 恩培多克斯 14:03:48

今天看直播的网友们有福了，待一会儿我要让你们亲眼看到"神"是如何诞生的! 来吧，双击点赞关注，走上封神之路! 老铁们，我出发了!

主播 本报记者 14:04:23

恩培多克斯先生大叫着"啊……"，已经朝着火山的方向跑去了，让我们期待他的成功吧!

主播 本报记者 14:09:13

恩培多克斯已经跑到了火山口的位置，只见他纵身一跃，跳了下去……

主播 本报记者 14:14:13

很遗憾，恩培多克斯先生并没有成"神"。恩培多克斯先生因为试验失败，不幸于公元前 435 年 14 时 09 分离世。他将一生奉献于哲学以及科学等事业，并做出诸多不可磨灭的贡献。他的英名将永远留在每一位热爱哲学的人的心中……

弹幕聊天

直播时间: 公元前 435 年

[我就是神] 进入了直播间

[爱探险的小拉] 进入了直播间

爱探险的小拉: 能不能赶紧劝劝恩培多克斯先生, 不要做这么危险的事情!

作死小能手: 这已经不止是危险的问题了, 这是在作死啊!

花开富贵: 孩子们, 你们赶紧下山吧, 要是待会儿火山爆发了, 可就麻烦大了!

我就是神: 恩培多克斯先生, 加油!

作死小能手: 不是, 他来真的啊? 我看他比我更适合我的名字!

花开富贵: 快停下, 不管是不是神, 平平安安的就好!

我就是神: 怎么样了? 恩培多克斯先生成神了吗?

爱探险的小拉 送 ×10

作死小能手 送 ×10

我就是神 送 ×10

发送

是谁弄瞎了他的双眼？

近日，"原子论"学说横空出世，引发世人震惊。本报记者为探究其中奥秘来到"原子论"创始人之一的德谟克利特住处采访，可却发现他已经双目失明。

读者来信

您好，我是德谟克利特的邻居。有件事我必须要说！我太生气了！我看德谟克利特不理家事、不管田园，好像什么都不在乎，我想他一定是生病了。于是我请来了国内著名的医生希波克拉弟给他看病。我和医生来到了他家，你们猜这么着？一只乌龟从天上掉下来，把我砸晕了！听医生说，当时有只老鹰飞过，德谟克利特竟然说是老鹰扔下乌龟把我砸晕的，还说这是对我的惩罚。真是不可理喻，我也是好心没好报，以后再也不管他了！

德谟克利特提出的"原子论"学说曾震惊了整个哲学界，也引得数年间众多哲学爱好者接连不断地投稿询问和质疑。为使更多读者了解更多关于"原子论"的内容，本报记者来到德谟克利特住处进行采访，可却意外发现他已经双目失明！

"不，我的眼睛并没有任何疾病，只不过我自戳双目而已，"德谟克利特的话说得轻松，"实际上，我现在看得比以前更清楚了。以前，我靠自己的眼睛去看世界，可是根本看不到真理；现在，我用心和理性去看世界，真理就随之而来了。我热爱真理，这就是我自戳双目的原因。"

谈到记者来的目的，德谟克利特非常开心，他向记者解释道："世界的物质本原就是原子，世界里的一切，上自太阳月亮，下至动物植物，都是由原子组成的。而且，因为原子的不断运动变化，所以世界也在不断运动变化着。"

德谟克利特认为，原子就是这个世界上最小的物质颗粒。他摸索着拿到放在桌上的一个茶杯并将其摔在地上，茶杯四分五裂，德谟克利特却说："你看，茶杯还可以被分割成碎片，但是原子却已经小到不能再进行分割了。"

他滔滔不绝地讲着，仿佛真的看见了这个世界上的真理。当然，德谟克利特的行为我们并不提倡，希望大家不要效仿。（撰稿时间：公元前380年）

投稿

我支持普罗泰戈拉！

公元前 450 年，希腊各城邦开始兴起一种新的职业——智者，他们以教授学生知识与论辩能力为生，最近因为一场诉讼而备受关注的普罗泰戈拉就是其中的杰出代表。然而，他的一位不愿透露姓名的前同事向本报投稿称，普罗泰戈拉曾经是一名搬运工人。

我，一个普通的搬运工人，有幸做过大智者普罗泰戈拉的前同事！没错，就是最近经常出现在报纸头条上的那位普罗泰戈拉。我是最近看到报纸上的头条——《半费之讼》后，才想起他的。不得不说，为了学费起诉自己的学生，还真是普罗泰戈拉能做出来的事情。我看各种观点争论不休，甚至有人说这是他与学生的一场阴谋，蓄意诋毁希腊律法、挑衅神权，但我认为这种观点没有就事论事，而是放大和转移了矛盾！本来我不太敢评论什么，但是普罗泰戈拉的那句"人是万物的尺度"为我提供了表达自己意见的勇气，我就来谈一谈我对这件事的看法吧。

咱们先理一理这个案子。这名学生报名了老普的课，课程内容就是教他如何打官司。为保证授课效果，他俩签订了合同：该生入学前可以只交一半学费，而另一半等这个学生第一次打赢官司后再交付。这个办法在我们做搬运的时候也经常用到，先交一半佣金给搬运工，等货到齐全、检验没有遗漏再补交剩下的另一半，它既保证了搬运工的信誉，也让客人放心交付货物给搬运工。本来是件互相托付、两全其美的好事，套在老普的这个案子里却出了问题：因为这个学生上完课之后一直不去打官司，老普也就收不到那一半学费。所以最后他起诉了这个学生。

我是觉得，虽然有人揪着合同里的漏洞不放，但是该给的钱不能少啊！不然，以后可说不定都没人敢收徒弟了，除非这收徒的合同写得特别严谨才可以啊。

一个无名的搬运工人（撰稿时间：公元前 450 年）

简讯

公元前 420 年左右，普罗泰戈拉因为"不敬神灵"被控诉，被逐出雅典后逝世。在普罗泰戈拉一生的求知之路中，不仅勇于质疑和思考许多既有事物的定义，也同时保持对于事物不可知方面的敬畏态度。在他看来，求知是永无止境的。

善与恶——世间永恒的难题

自古以来，人们不断思考人性的本质，在我们这个时代也是如此。孟子和荀子两位著名思想家，一位赞同"性本善"，一位则认为"性本恶"，他们的弟子之间也常常因此产生口角。本报顺应社会各界的愿望，将孟子和荀子请来，面对面地进行论辩，并选取其中的重要观点记录在此。

我是孟子，我认为，仁义礼智信这类优秀的品质，不是人们后天学习来的，而是天生就具有的，因此是人的本性。

对此我有不同意见。人天然追逐利益、嫉妒比自己过得好的人，这怎么能说是"人性本善"呢？

我判断人性善恶，主要看一个人下意识的反应，这才能体现"本性"。比如说，当我们看到一个小孩马上要掉到井里去，立刻会感到不忍心，想要救他出来，这种"不忍心"就是我们善的本性。

人是群居动物，人不愿其他人落入险境，只是出于"减损同胞会让自己受到更大风险"，这跟善恶可没什么关系。

啊呀呀，这个角度我可从未想过……可是人不仅见到他人遇险心里会着急，人还有羞耻心、谦让心、是非心，再加上我先前提到的不忍之心，一共是四种特性，正如同我们的四肢一样，这总能说明人性本善了吧。

孟老先生，您所说的本性仅仅限于受到教化的人类。假使一个孩子被父母遗弃于野外，从小和野兽一起长大，他还能具有您所说的"四心"吗？他不会有的，但是这个野孩子却依然会饥饿时想要食物，这样的特点才是我所说的"本性"。

原来是在"本性"的定义上出了问题。你不赞同我的定义，我也不赞同你的定义，那我们还有什么好说的？

我们互相听得懂对方的定义，还是可以相互交流一下。我很想知道，既然您认为人性会在教化下向善，那么人性又是怎么变恶的呢？毕竟这世上恶人还是存在的，而且数量不少。

"四心"遭到遮蔽，人就会变恶。一个人见到小孩马上要掉到水井里，感到担忧才是正常的心理；而如果抱着漠然看戏的心态，就是原本的善被恶所蒙住了。

原来如此。对我来说，"被蒙住"是一种欲望的催动，就像饿了要吃东西这件事，是不分善恶的。但被食欲催动、想要尝尽世间美味，这样的欲望就很有可能让人误入歧途。本性没有善恶之分，善恶都是后天受到催动得来的。

结语

孟子与荀子两位思想家的论辩可以说是不分胜负。荀子拜

托本报澄清：他的观点并非"性本恶"，而是认为本性是中性的，如果不加约束就容易滑向恶的一边。而孟子对此未作反对之语。（撰稿时间：公元前4世纪）

我的恩师——永远坚持真理的苏格拉底

公元前 399 年，伟大的希腊思想家、哲学家苏格拉底因被诬陷而选择服毒自杀。他的死令世人感到震惊和难过，很多人对此难以接受，尤其是一直敬爱他的柏拉图。

我的恩师苏格拉底先生已经离开这个世界几天了。虽然他当时屈服就可以获得生还的机会，但为了坚持心中的真理，他还是毅然选择赴死。"坚持真理"这四个字，也正是他一生的写照。

还记得第一次与恩师见面，他给我分享了许多他的观点。在当时大家所研究的对象普遍是自然和宇宙的时候，他却主张人应该研究自我。是啊，如果一个人不了解自己，不能将自己认清，那他又怎么会将广阔无垠的大自然和宇宙研究透彻呢？

除此之外，我的恩师苏格拉底是我见过最勇敢的人。他敢于公平公正地指出社会的一切问题，也敢于批判贵族阶层腐败无能的丑陋嘴脸。他反对雅典虚假的、带有明显统治阶级意志体现的民主，他主张建立的，是一个充满真理的、真正正义的社会。

也因此，他的观点受到了希腊执政者的批判，他们说他误导青年，说他太注重研究自我而亵渎了神明。但是在我看来，这些完全都是莫须有的罪名！

在狱中，我最后一次见到了恩师，此时的他已经被折磨得瘦骨嶙峋，可精神依然很饱满。他坚定地告诉我说，要坚持真理，即使面对任何强权也决不屈服！最终，他用他的生命诠释了什么才叫"坚持真理"，也向世人揭示了雅典民主制度的弊端，证明了雅典暴政的可怕。

最后我想说："恩师，还记得您曾经说过，灵魂是永垂不朽的；希望您的灵魂能永伴在我身边，我也将继承您的衣钵，勇敢地为真理奋斗终生。"

永远爱您的学生 柏拉图（撰稿时间：公元前 399 年）

柏拉图退出政坛

公元前 399 年，柏拉图的恩师苏格拉底自杀后，柏拉图面对现有的政体彻底失望，本打算继承家族传统而从政的他宣布彻底退出政坛，永久不再踏入。

昨日，古希腊哲学家柏拉图在接受本报记者采访时，突然宣布将永久退出政坛。

"我不会再踏入政坛半步，所谓的民主政治让我感到恶心，他们竟然能无故陷害并杀害一个那么高尚的人。"柏拉图眼含热泪，咬牙切齿地说。

众所周知，几天前，柏拉图的恩师苏格拉底因为被雅典政府定罪而服药自杀，这给柏拉图带来了沉重的打击。

"说什么民主，雅典政府不过就是披着民主制的外衣罢了！"柏拉图称，"他们除了欺压百姓，泯灭真相，还会做什么？还能做什么？我需要的政府，是一个能够维持人人平等的政府，所以我绝不会为现在的雅典政府卖力！"

谈到之后的方向，柏拉图则坦言，自己将会继承苏格拉底的衣钵，继续传播知识。"我将离开雅典，去意大利、埃及等地，我要把我的思想和知识毫无保留地分享出去，就像我的老师苏格拉底那样，他永远都乐于分享他所知道的一切。"

对于苏格拉底的逝世，本报也深感惋惜；同时，我们也希望柏拉图能早日从丧师之痛中走出来，继续为哲学界做出更大的贡献。（撰稿时间：公元前 399 年）

无数的思想火花在柏拉图学园碰撞、融合

不修边幅的安提西尼

古希腊的安提西尼先生，近日于居诺萨格体育场中讲学，并由此创立了"犬儒学派"。本报记者为此特意采访了安提西尼，听他讲述他对"犬儒主义"的理解。

昨日上午，我们如约来到了采访的地点——一座大桥下面，这里是安提西尼生活的地方。他懒散地躺在地上，即使看见我们的到来也没有挪动半下，我们的采访也就此开始。

"从字面上你们也看得出来，'犬儒主义'就是像狗一样活着，无拘无束，什么繁文缛节、社会文明、婚姻宗教通通一边去。我们就应该回到原始社会，那样才是最舒服的生存方式。"安提西尼躺在地上闭着眼睛说道。

正当我们还想继续追问的时候，不料安提西尼却打起了鼾。我们只得暂停采访，等待他醒来，可没想到这一等便直接等到了晚上。

当安提西尼醒来后，看到苦等的我们并未觉得有什么不妥，只是继续讲道："人们的苦痛分为两种，一种源自物质，另外一种源自精神。"

"实际上，精神上的幸福快乐才是真正的快乐和满足。你们看我，我的精神非常富足，没有什么能给我带来痛苦。"安提西尼刚说完，一条狗就过来叼走了我们为他买的晚餐。这激怒了安提西尼，他追上前去，将食物直接从狗嘴里夺下，然后自顾自吃了起来。

就这样，我们的采访也在安提西尼进食中结束。吃完晚饭后的他，不一会儿便再次睡去。

在这里，我们对安提西尼先生的生活方式不做过多评价；但是，他洒脱的人生态度，以及他甘愿为自己的信仰而风餐露宿的精神，确实值得我们尊敬。（撰稿时间：公元前 380 年）

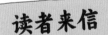

读者来信

您好，我崇尚老子，也很喜欢你们那则关于安提西尼的报道。我对安提西尼的做法表示赞同，内心深有共鸣。他建议通过肉体的刻苦磨炼去追求美德，我觉得非常有道理。做人就是应该磨炼自己的意志，坚忍负重，去做一些别人不愿意做的事情，从而追求更高的美德。现在的人只贪图享乐，这是要不得的。对了，他对于知识和智慧的重视，也让我十分欣赏。

他喜欢谈论词语的意义以及词语与事物的关系，也是我在写文章时所追求的。我太喜欢他了，希望之后能有机会和他当面交流。

谁是柏拉图最好的学生?

希腊著名哲学家柏拉图创立了柏拉图学园,任何一位对知识感兴趣的人都能够来到学园,和各路有识之士探讨问题。据悉,在学园的学生里,最受柏拉图认可的当属亚里士多德。

亚里士多德出生于斯塔基拉城的一个贵族家庭,在十八岁时来到雅典的柏拉图学园学习。然而,因为家庭富裕,亚里士多德的穿着非常华丽,手上带着数个戒指,据一位不愿表明身份的学生透露,这使柏拉图感到不满。

众所周知,柏拉图的老师苏格拉底是一位朴素的哲学家,从不把心思放在身外之物上,而是一心追求人间至理。柏拉图十分敬重老师,自然也承袭了这一观点,面对打扮入时的亚里士多德,柏拉图起初并不满意。

但亚里士多德的才华难得一见:他博学多闻,对天文地理都有了解,还在游学过程中观察各种生物、记下笔记;他文采斐然,写了许多诗歌,也擅长美术和音律,知晓作为贵族的娱乐活动。当然,柏拉图最看重的还是他极强的思辨能力,并有着无穷无尽的好奇心去探索事物的本质,探索这个世界究竟由什么组成。坦诚讲,在哲学观点上,柏拉图和亚里士多德有许多分歧,但在对待学习上,柏拉图对亚里士多德非常认可,学园里的人都知道,亚里士多德是柏拉图最好的学生。

然而,柏拉图和亚里士多德在某些基本观点上存在着巨大分歧。亚里士多德虽然天纵奇才,却也难免让老师感到头痛。记者断言,随着亚里士多德年岁渐长,这对师徒的矛盾也会逐年加深。(撰稿时间:公元前 364 年)

简讯

亚里士多德在和柏拉图的一次论辩中表示:"吾爱吾师,但吾更爱真理。"这一发言意味着亚里士多德正式决定直面与老师观点的不同,决心开拓属于自己的哲学思想。

路访第欧根尼，现场突发意外状况

昨日，本报记者在路边采访古希腊著名哲学家、犬儒主义代表人物第欧根尼时，偶遇一名秃头男子与他人发生冲突，第欧根尼上前劝阻。男子情绪却更加激动，竟当街昏厥，最终被路人送往医院。

读者来信

我是亚历山大，有幸见过第欧根尼一面。当时，我想利用希腊城邦联盟首脑的身份，为第欧根尼做点什么，可得到的答案却是"走开，你挡到了阳光"。那一刻，我明白了对于第欧根尼这样内心丰盈的人来说，除了自然需要，其他皆为多余。假如我不是亚历山大，我愿做第欧根尼。

昨日，已经 47 岁的第欧根尼接受了本报记者的专访，讲述了他对犬儒主义的理解。地址选在他生活的地方——路边。

"在这个世界上，除了'吃喝拉撒'，其他压根没什么用。你看那条狗多好，想吃就吃，想睡就睡，我就想像它一样活着。"第欧根尼坐在路边指着一只狗坦言。

正在我们采访的过程中，一名秃头男子与街边的商贩发生冲突。第欧根尼上前劝阻，可这名男子情绪十分激动，并将矛头对准了第欧根尼。"看看你穿得破衣烂衫的，又脏又臭，真是恶心死人了；还有你的胡子和头发，那么长了也不知道剪剪，太邋遢了！亏你还被称作哲学家，我看

你就是个乞丐；不，你比乞丐还恶心，你就像条狗一样！"该男子对第欧根尼进行了人身攻击。

第欧根尼却很开心能够得到男子的认可，同时他还对这名男子说道："我是不会骂你的，而且我还很欣赏你的头发，因为它很聪明，早早地离开了你的头顶。"路人纷纷笑了起来，男子却两眼一瞪，当街昏厥，路人将其送往最近的医院。第欧根尼则表示，如果该男子像他一样不在乎这种外在的东西，今天的事就不会发生。

截至本稿发出时，该男子仍在医院昏迷中。（撰稿时间：公元前 4 世纪）

快讯 公元前 390 年 10 月

一名青年来到雅典城，恳求安提西尼收其为徒，而安提西尼却因为青年的父亲干过涂改货币这种事情而拒绝了这名青年。安提西尼甚至还用木杖殴打青年，可青年仍然没有放弃拜师的想法。最终，安提西尼被青年的诚意打动，收他为徒。这位青年的名字叫第欧根尼。

罪无可恕的伊壁鸠鲁学派

公元前 307 年，伊壁鸠鲁带领他的追随者们一同住进了远离雅典市中心的一处花园内。他以此为据点，创立了以追寻快乐为己任的伊壁鸠鲁派，并扬言"享乐乃是至善之事"。这引起了当时众多学派的不满，其中的代表便是斯多葛学派。

首先，我必须说明我投稿的用意，那就是我已经受够了伊壁鸠鲁学派鼓吹的享乐主义，这严重破坏了社会风气，他们甚至都已经成为奢华生活的代名词了！那天，几个孩子从我身边跑过，他们嘴里念着："如果你想享受富贵荣华，就去伊壁鸠鲁学派，那里是最快乐的地方。"从孩子的嘴里听见这些话，你知道有多可怕吗？如果他们从小就接受这样的思想，未来只顾享乐的话，那整个社会以后如何进步，如何发展？

我曾试图与伊壁鸠鲁学派争辩，可他们却不知悔改，甚至还在他们的据点门口写上了"在这里享受快乐是最重要的事情"这样毫无底线的话。这是将人类最低层次的"吃喝玩乐"视为人生最高的追求，真是这样的话，人和动物有什么区别！

更加可恶的是，他们竟然允许肮脏的奴隶和无知的妇女加入他们的学派。天啊，学派是这两种人可以加入的吗？这样的做法简直是玷污了神圣的"学派"二字，伊壁鸠鲁分明就是无视规则，公然挑衅世俗。

伊壁鸠鲁这个自私的人已经给社会带来了严重的危害，我在此呼吁更多的人，远离伊壁鸠鲁学派，更不要掉进"享乐主义"的陷阱里去！

虔诚的斯多葛学派信徒（撰稿时间：公元前 307 年）

真相

经本报记者调查走访，发现真相与来稿所述大相径庭。首先，我们来到了伊壁鸠鲁的花园里，发现整个花园环境简朴，素淡庄雅，并没有任何"奢华"的气息。其次，伊壁鸠鲁学派都过着简单质朴的生活，他们只吃自己种的菜和做的面包，也根本没有任何"荣华富贵"可享。

不过，这里的人的确是很快乐的。其实伊壁鸠鲁的"享乐主义"更多指的精神层面的快乐，在他的观点里，只有精神的快乐才是最深刻的、最真实的，而物质和肉体上快乐与其相比简直不值一提。所以这里的每个人，都发自内心地微笑。

另外，本报认为，人人生而平等，无论是奴隶还是妇女，哲学家或是国王，大家应有同样的选择自己生活的权利。而幸亏有伊壁鸠鲁这样的先行者，愿意给每个人一个平等的机会，从而使整个社会朝着更良性的方向发展。

斯多葛学派的学者常常在门廊下聚众讲学，所以斯多葛学派又被称为"门廊学派"。

对话 *Κρούσμπο*
克吕西波

近日，著名哲学家克吕西波先生不幸逝世，享年 77 岁。为了了解他的生平，弥补我们从未采访过的遗憾，我们采用了最前沿的 AI 技术，根据克吕西波的 DNA，制作出具有他完整记忆和思想的虚拟三维人物，由此对他进行了采访。

记者： 克吕西波先生，能谈一下您作为斯多葛学派第三代传人的感受吗？

克吕西波： 我一直试图让更多的人加入我们的学派，毕竟我们的学派有很多不同于其他学派的超前思想。

记者： 您能具体说一些吗？

克吕西波： 比如我们提出的"自然法"。我们认为，宇宙并不是分散的，它是一个整体，这样的整体必然有一种能够支配其中万物的普遍法则，这就是自然法。

记者： 您说的这种思想以前确实没有出现过。

克吕西波： 那当然，这种思想是很超前的，但我相信未来一定会被大家所接受。

记者： 除开学派不谈，您本人也有很多著作，可是听说您却从来没有献给国王？

克吕西波： 嗯。

记者： 每个哲学家都以献书给国王为荣，您为什么不这么做呢？

克吕西波： 我写书只是为了让更多的人知道我们的思想，仅此而已。

记者： 您的这种思想很像您一直教导您学生的"摆脱激情和快乐，只求平淡"。

克吕西波： 是的，我本人也是这么做的；我可以很自信地说，我摆脱了激情和快乐。

记者： 最后一个问题。在《名哲言行录》里，记载着您逝世的两个原因，一个说您是因为饮酒而过世的，另一个说您是因为看见一个正在吃无花果的驴喝了酒从而大笑而死的，请问到底是哪个呢？

克吕西波： 当然是第一个，大家都知道我嗜酒如命。那个说我笑死的，是纯粹的造谣，我怎么可能因为看见驴喝酒而大笑啊！……哈哈哈哈，不过驴喝酒确实挺有意思啊……哈哈哈……

记者： 呃……

克吕西波： 驴喝酒，哈哈哈……

记者： 非常感谢克吕西波先生的到访，本期采访到此结束。（撰稿时间：公元前 205 年）

"贤良之首"董仲舒

近日本报记者发现，街头巷尾流传着一篇叫作《天人感应》的文章，主要写的是作者对"天人关系"的思考。据相关人员透露，这篇文章是来自民间的贤士董仲舒所作，目的是回答皇帝向他提出的问题。

据了解，本朝皇帝即位后，力主改革，邀请了全国的贤良之士问话，其中一位名叫董仲舒的人引起了皇帝的注意。董仲舒饱读诗书，能言善辩，使得皇帝连续对他进行了三次策问，他一一进行了回答。目前流传出来的是讲天人关系的一篇，本报当即对这篇文章进行了分析和研究。

历朝历代的皇帝都对天人关系非常重视，董仲舒提到，每一个能够当上皇帝的人都在冥冥之中获得了"天"的指引和认可，这就把皇帝和天联系在了一起。

然而，凡事都有代价，受命于天亦有代价。董仲舒用《春秋》《论语》来加强自己的观点，那就是：君主的权力来自天，而如果君主不讲仁德，暴虐无道，就会遭到天的惩罚，也就是"天灾"。为了让"讲仁德"能够有一个标准，董仲舒提议更多地参考孔子的学说。

虽然没有直说，但董仲舒对孔子的推崇非常明显。在教化百姓上，他主张多多设立学校，这让人想到孔子亲自教育七十二个弟子，弟子又收弟子。对于犯了错误的人，董仲舒认为应当以感化教育为主，尽量不要用到刑罚，这也符合儒家"仁"的思想。

此文一出，不少法家门生颇有微词。法家号召依法治国，相比使用仁义礼智信来感化人民，法家更加信奉用刑罚来控制人民。倘若皇帝采纳了董仲舒的建议，法家门生再想出头可就难了。但董仲舒似乎并不介意外界的言论，他获得了皇帝的赏识，未来必将在政治上有一番作为。（撰稿时间：公元前 133 年）

读者来信

看到董仲舒对天人关系的看法，我作为一名新柏拉图主义者也感受到一丝共鸣。我们认为任何事物都来源于"一"，"一"是万物的开始，而董仲舒认为"天"能够决定一切，人们必须顺从于"天"。我已经在心里把这位遥远的董仲舒看作朋友，若他还在世，真希望我们有机会能够见面。

——普罗提诺

言行不一的赛内卡

昨日，本报记者受邀至著名哲学家、斯多葛学派代表之一赛内卡家中采访时，竟意外发现其家中柜子里有成箱黄金。

昨日，本报记者如约来到赛内卡家，为撰写其传记而做材料收集。

"我每天都会创作，我喜欢将自己的思想融入剧作之中，被更多的人看到。"赛内卡站在他的书柜前说道。

诚如他所言，家里的柜子上堆满了他的著作。赛内卡表示，他除了创作，便再无其他爱好。"简朴节欲的生活和内心的安静是我毕生追求的东西，物质对我来说毫无意义。"赛内卡称。然而，就在赛内卡刚刚说完这句话后，意外却发生了——一旁的柜子突然间塌了，里面还掉出了一箱黄金。

经过调查，原来是赛内卡家里的黄金已经多到库房堆不下，因此仆人便未经赛内卡允许，自作主张将一箱刚得到的黄金放在了柜子里；可不料黄金太重，竟压垮了柜子。

针对赛内卡的行为，本报不便多做评价。不过，为其撰写传记一事，本报暂决定无限期搁置。（撰稿时间：41 年）

辟谣

金佛点头？

假的！

摘要

近日，著名的思想家王充去世。他从小就一直是一名坚定的唯物主义者，或许与这个社会有些格格不入，但是却让我们看到了一些不一样的世界。为纪念王充，本报特意找到一篇多年前详细记录王充是如何揭发算命骗术的文章，在此分享给读者。

近日，本报记者听闻某算命先生有通佛之术——若所测之事吉祥，他便可使金佛点头；若不详，金佛纹丝不动。面对这样不可思议的事情，记者决定前去一探究竟。

记者来到算命先生处，只见他刚刚落座，周围便挤满了人；有人来算命，有人来凑热闹。算命先生从怀里拿出一尊小金佛放在桌上，然后旁边竖起一块牌子，上写"如来算命"。一壮汉上前询问自家丢的牛何时可以找到，那算命先生听后，便站起身来，走到那金佛跟前，深施一礼，然后拿起一把金戒尺，在佛像前后左右绕了几圈，佛像当即频频点头。随后，算命先生便笑着对壮汉说牛可很快找到，壮汉大喜，给了他很多银子。

"先生真能使佛祖点头啊！"众人诧异间议论纷纷，而后掏出银子争先恐后上前想要算命，现场乱作一团。然而，一个人的出现，却让这一切戛然而止。"先生，要不您换我这尊金佛算一算吧，反正您有通佛的本领，相信我这尊金佛也会点头的。"这个人拿着一尊金佛说道。

算命先生听到这里明显一愣，紧接着便语无伦次起来："这，你这尊金佛不行，它不是铁的，不对……"

"呵呵，自己说漏嘴了吧！"突然出现的那人冷静地说，"你那所谓的金佛分明是铁制的，而

你的金戒尺，一头是铜，一头是磁铁。你若想要它点头，便用磁铁一头在佛头处绕来绕去，佛自然也就点头了！"他说完，人群哗然，这才恍然大悟。见自己的把戏被拆穿，算命先生本想灰溜溜地逃跑，可却被那丢牛的壮汉拉着去了官府。

经记者询问，得知此人名叫王充，他从小便饱读诗书且坚持认为这个世界上没有神仙。通过观察，他早就发现了算命先生金佛的猫腻，于是便当众揭穿了他。

"请大家不要再相信鬼神之说，更不要相信那些江湖术士的话，他们都是为了骗钱而已。"王充最后补充道。

记者也在此希望大家擦亮双眼，提高警惕，避免被江湖术士骗财骗物。（为表示对王充的怀念，于 97 年再次发布）

在注解中掺杂自己的观点，

究竟是对是错？

众所周知，儒学大家郑玄遍注群经，时常将自己的一些观点和看法加到注解中。近日，一位读者朋友来信对此质疑。

尊敬的读者朋友们好！我是一位普通的读书人，今天想和大家分享一下我在读书过程中遇到的困惑。

上个礼拜我在书肆买到了一本《毛诗诂训传》注解版，立刻兴致勃勃地读了起来。《毛诗诂训传》是毛亨、毛苌创作的《诗经》注解版，把《诗经》里难懂的字和不同篇目的创作背景讲解清楚。而我买的《毛诗诂训传》注解版可以说是"注解的注解"，作者是郑玄。原本以为他的注解是对毛亨、毛苌前辈的查漏补缺，没想到他却在注解里加入了许多个人观点。

譬如《诗经》里有一首《螽斯》，开头写"螽斯羽，诜诜兮。宜尔子孙，振振兮"。看起来是在写蝈蝈是一种祥瑞，叫声越大，人们的子孙后代就会过得越好。但郑玄的注解把"螽斯"看作皇帝的妻妾，并把这句解释为：如果皇帝的妻妾相互之间不妒忌，子孙就会众多。我只是一个小老百姓，这皇帝的事儿可不能乱说乱听……因此我迅速将书合上，

并感到非常困惑。郑玄这样做注解，依据是什么呢？他能否出示更多史料，证明这里的"螽斯"代表皇帝的妻妾而非祥瑞呢？

我有个朋友是教书先生，于是我找他答疑解惑，小心翼翼对郑玄的注释提出了疑问。可他却说，郑玄是当世经学大家，最擅长给古籍做注解。他们一家子都很有学问，连家里的侍女都会读书写字，这样的人哪是你能质疑的！他见我心中仍有郁结，便提供了一个解释。郑玄是研究"天人感应"的大家，推崇"天"能影响人，人的行为会被"天"所感知，因此对很多古文的解读都带有这一思想。在他眼里，螽斯相当于"天"的使者，待在皇帝边上，一定程度也要传递"天"的意志，因此将螽斯视为待在皇帝身边的妃嫔也并无不可。为了不和朋友闹僵，我姑且接受了这个解释。

但我仍有疑问：在注解中掺杂自己的观点究竟是对是错？希望报社能够把我这篇读书笔记刊登出来，让我能听到更多人的观点。谢谢！

爱读书的小李（撰稿时间：160 年）

本报受邀为郑玄先生作画

不拘礼法、逍遥山林的竹林七贤

风度？荒诞？
——直击"竹林七贤"！

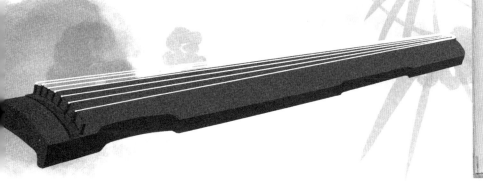

引言

魏晋时期，有这样七个人——他们才华横溢，满腹经纶；可却淡泊名利，无心入仕，只纵情于自我的快乐和自由，甚至为此还做了不少常人眼中的荒唐事。因为他们总是在竹林之中相聚，所以人们称他们「竹林七贤」。本报记者费尽心力，终于约定好下次竹林相聚之时对七人进行访谈。

昨日，七贤再次在竹林相聚。本报记者如约到达时，其中五人早已喝得酩酊大醉，只有向秀和山涛还算清醒。他们中有人抚琴作歌，有人醉倒在地，还有人只是吟诗大笑。

向秀告诉记者，其实他们并非如世人口中所说的"贪图享乐"，只是当今时局动荡，社会黑暗，民不聊生，他们无法施展自己的抱负，只能从虚无缥缈的仙境中寻找精神寄托，用清谈、饮酒等形式来排遣苦闷的心情。

"哈哈，人生在世，谁不想建功立业，只是时也命也呀！喝！"七贤之一的刘伶突然大喊起来。作为七贤中酒量最好的人，刘伶曾说过："如果我醉死了，就把我就地掩埋吧。"由此可见他放浪洒脱的性格。

另一边，从醉酒中醒来的阮籍又抱起酒坛喝了几大口后倒头睡去。"他之前已经连续喝了六十天，"山涛说，"据说是为了躲避司马昭的儿子向他女儿求亲一事，他喝了就睡，醒了就喝，根本不给对方任何说亲的机会，最后逼得司马昭也只能无奈放弃了，哈哈！"

正当记者正在感叹阮籍的这招"醉酒避亲"时，没想到却发生了一件令记者瞠目结舌的事情——阮咸竟然和两只猪一起把头埋在酒缸里饮酒。而其他人却见怪不怪，这似乎早已是阮咸的"常规操作"。

一旁的嵇康和王戎倒是没什么出格举动，只是二人中王戎母亲刚刚过世，而嵇康刚刚得罪重臣钟会，恐祸不久矣。两人竟还有心思在这里畅饮为乐，实在是放荡不羁，令人叹服。

因为七贤中多人无法正常接受采访，所以本次访谈没有成功。不过"竹林七贤"给我们贡献了一种精神史上极自由、极解放的风潮。记者相信，他们对自由的追求和对自我价值的发现一定对后世产生深远的影响。（撰稿时间：247年）

谢灵运与僧维的辩论赛发言稿

辩题：

究竟是"顿悟成佛"还是"渐修成佛"

正方：顿悟成佛

反方：渐修成佛

正方辩手：谢灵运

反方辩手：僧维

辩论时间：802 年

谢灵运：对方辩友你好，我方持有的立场是"顿悟成佛"。台下的观众朋友未必信佛，大家可以把"成佛"理解为获得心灵的圆满。我方认为，追求幸福的过程是一个积累的过程，但从"不幸"或是"庸常"到"幸福"的状态是一瞬间的事，也就是辩题里的"顿悟"。

僧维：谢老师好，观众朋友们好。我方的立场是"渐修成佛"。看我的名字也知道，我是一个和尚，每天在寺庙里学习经文。我认为，我的学问和智慧是一点点积累出来的，如果有一天我能够"成佛"，那么每一刻的积累都是促进我"成佛"的一部分，这就是"渐修成佛"的含义。

谢灵运：我当然不会反对人们积累与学习，但如果"成佛"靠的是终日苦修，岂不是所有努力的人都能"成佛"？你平心而论，世上有这么多佛吗？

僧维：世上没有这么多人"成佛"，是因为他们还不够努力！这并不能证明"渐修成佛"是错的。我再问你，如果一个人达到圆满幸福的状态，那么他一定家庭关系和谐，不为衣食住行担忧，具有较高的文学素养和思辨能力……这些标准怎么可能是一瞬间达到的呢？

谢灵运：的确，家庭关系、经济水平、思维能力，这些都是要靠日积月累的沟通、工作、思考达到的。但这是个人变强的过程，是"悟"的准备而不是"悟"本身。有的人思考了一辈子，还是只能提出愚蠢的观点，可见"悟"一定是超越了之前的沟通、工作、思考。

僧维：只要一个人处在变强的过程当中，那么下一刻的他一定要比此刻的他有更多的收获，这岂不就是"渐悟"吗？为什么只有最后这一下子才叫"悟"呢？

谢灵运：请对方辩友不要转移话题，我们探讨的是"成佛"。一个人虽处在变强的过程中，但并不是每一刻都在"成佛"。即便一个人处在变强的过程中，此刻的他愚不可及，下一刻的他或许多背了一条圣人言，但总体上仍然是愚蠢的。

僧维：如果一个人一直怀有求学的激情，难道不能说他已经踏上了幸福之路吗？如果可以这样说，他当前蠢了一点，又有什么关系呢？这就是"渐悟"啊！

谢灵运：毫无意义！我实在不想和你争辩下去。或许你是出家人，对众生怀有慈悲，愿意这样安慰他们，对他们说只要你孜孜以求，就会通往幸福。可这对他的生活来说有什么意义呢？该痛苦的仍然痛苦，该愚蠢的仍然愚蠢，梦想中的生活远在天边……唉。

僧维：（哑口无言）（挠头）……

是风动，还是幡动？

引言 近日，我国著名高僧、南派禅宗的创立人慧能来到位于广州的法性寺。这天，寺内一阵风吹来，寺内悬挂的旗幡随之飘动。面对此景，两位年轻的僧人针对到底是风动还是幡动争论不下。然而，慧能的一番话，却使两人有了新的理解。

大家好，我是来自法性寺的一名僧人。前几日，我和我的师兄正在寺中打坐，突然一阵风起，吹得旗幡随之晃动。见此，师兄立刻说："这是风动。风吹了过来，所以旗幡跟着晃动起来，风如果不吹过来，旗幡是不会动的。"而我却觉得，风是无形的，我们又看不见摸不着，怎么知道它动不动呢？我们看见能动的只有旗幡，幡动了所以我们才知道风吹过来，所以应该是幡动。

为此，我们两个争论了半天，谁也无法说服谁。这时，来到我寺云游的慧能大师说的一句话，却让我们的讨论戛然而止——他说"不是风动，也不是幡动，而是心动"。见我二人疑惑不解，慧能大师便对我们解释道："世间的所有一切都是被人用心感知到的，如果人不用心去感知的话，那万事万物对于人来讲就是不存在的。所以，风和幡其实都未动，是我们的心动了；心动了，才能感知到外在的一切，才能感受到风，才能看得见幡；心不动，万物则不动。"

慧能大师的言论让我想起了自己的一段经历：有一次，有两个乞丐无缘无故地骂我，而我却"心不动"，压根没有理会，所以他们骂我的话，完全没有对我造成任何影响。心不动，万物则不动，如此看来，慧能大师的话确实是十分有道理的。

读者朋友们，你们觉得，到底是风动，幡动，还是心动呢？（撰稿时间：675 年）

简讯 | **815 年**

马总担任岭南节度使、广州刺史。为更好地治理岭南，他在岭南推行佛禅文化。当时慧能的"顿悟"之法以禅行天下，马总请当时的柳州刺史柳宗元为慧能撰碑，题为《曹溪第六祖赐谥大鉴禅师碑并序》。

周敦颐，寻找人的来处

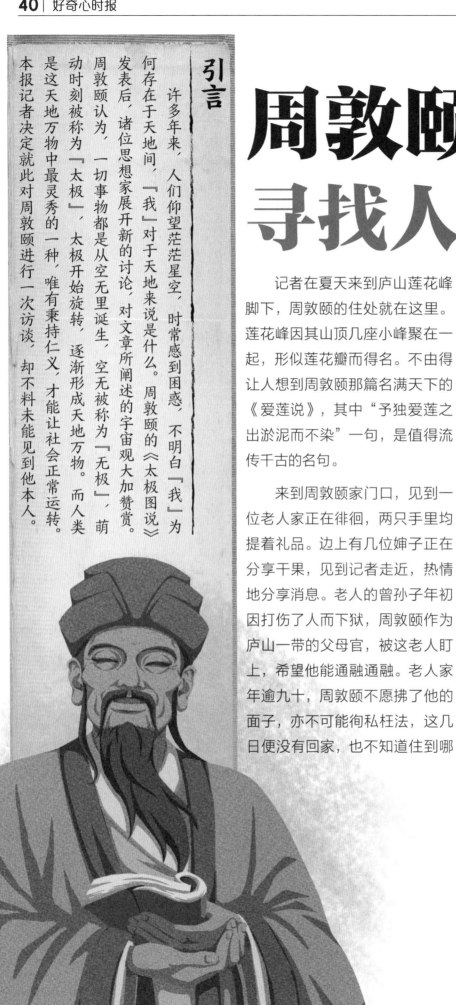

引言

许多年来，人们仰望茫茫星空，时常感到困惑，不明白「我」为何存在于天地间，「我」对于天地来说是什么。周敦颐的《太极图说》发表后，诸位思想家展开新的讨论，对文章所阐述的宇宙观大加赞赏。周敦颐认为，一切事物都是从空无里诞生，空无里被称为「无极」，萌动时刻被称为「太极」，太极开始旋转，逐渐形成天地万物。而人类是这天地万物中最灵秀的一种，唯有秉持仁义，才能让社会正常运转。本报记者决定就此对周敦颐进行一次访谈，却不料未能见到他本人。

记者在夏天来到庐山莲花峰脚下，周敦颐的住处就在这里。莲花峰因其山顶几座小峰聚在一起，形似莲花瓣而得名。不由得让人想到周敦颐那篇名满天下的《爱莲说》，其中"予独爱莲之出淤泥而不染"一句，是值得流传千古的名句。

来到周敦颐家门口，见到一位老人家正在徘徊，两只手里均提着礼品。边上有几位婶子正在分享干果，见到记者走近，热情地分享消息。老人的曾孙子年初因打伤了人而下狱，周敦颐作为庐山一带的父母官，被这老人盯上，希望他能通融通融。老人家年逾九十，周敦颐不愿拂了他的面子，亦不可能徇私枉法，这几日便没有回家，也不知道住到哪里去了。乡亲们感叹，周县令公正廉洁又尊老敬天，或许这就是最好的解决方法。

一个小孩跑过来，叫母亲回家吃饭，看到那位徘徊的老人，禁不住瘪起了嘴，面露不满。言谈间记者了解到，周敦颐常在处理完公务后，给周围的孩子们讲些上古传说，内容包括盘古开天辟地、女娲补天、大禹治水等，孩子们都很乐意听。但在这位老人上门后，周敦颐已经好几天没给孩子们讲故事了。

母亲带着孩子渐渐走远，依稀听到那孩子讲起盘古开天辟地的故事：传说盘古手持巨斧，劈开混沌。混沌分为黑白两色的阴阳二气，先是相互缠绕，而后旋转起来，就像一个巨大的圆盘。圆盘中不断飞出丝丝缕缕的灰线，逐渐编织成世间万物……

夕阳西下，记者也离开了莲花峰。虽然没有采访到周敦颐，却在邻居们的行为与言谈中，对他的人格和思想有了更深的理解。故作此文，分享给读者朋友。（撰稿时间：1060 年）

予独爱莲之出淤泥而不染，濯清涟而不妖。——周敦颐《爱莲说》

沉迷工作，程颢竟不让人吃饭？

撰稿时间：1069 年

朕最近……啊不是，我最近有些牢骚要发，看到你们的报纸，感觉是一个很好的平台，所以来给你们投稿。事情是这样的，我最近新提拔了一个下属，让他当监察御史，这个岗位的工作内容就是挑我的毛病。原本我还怕他不敢直言，没想到针对我的工作他有很多建议和意见，简直说都说不完。有一天午饭时间都过了，他还在喋喋不休。我又不能直接让他闭嘴，毕竟面斥不雅，只好派出另一个下属去委婉提醒他："你不饿别人还饿呢。"好说歹说，他终于走了。

他的观点主要分为两类，一类是作为君主……啊不是，作为领导，要遏制自己的欲望，纵欲就会失去"天理"的垂青。另一类是要对天下的才德之士以礼相待，不但要发现英才，还要主动培育英才。好吧，我承认，说得还挺有道理的。委婉地把他赶走后，我心里也有点儿惭愧。下次再遇到这种情况，我就请他留下吃午饭，我们边吃边聊吧。

匿名（应作者本人要求不予公开）

程门前的一段回忆

撰稿时间：1093 年

写下这篇文章，是为了纪念一段无疾而终的心情。人们讲少女情怀总是诗，我没有上过学，也不会作诗，只有一点诚恳的少女情怀。

那一年我 14 岁，在洛阳的伊皋书院附近以缝补浆洗衣服为生。冬天常有大雪，我对大雪怀有敌意。扫雪是很辛苦的事情，化雪时气温下降，我未必有合适的衣服穿，常常受冻。雪片飞舞，我急匆匆往家赶，路过程颐程夫子的居所，见到两位书生站在门口，头顶和肩膀都落满雪。他们一动不动，雪花落到睫毛上，很快化成水珠。我感到困惑，这是在等待什么呢？我大着胆子靠近，没有被他们发现，透过窗户看到程夫子正在屋里睡觉。难道他们是程夫子的学生，正在等老师醒来吗？这怎么可能？我从未见过学生对老师的尊重会达到这种地步！没有人这样尊重我，我也不会像这样尊重别人。

我没有等待，迅速离开了。不怕各位笑话，我后来去打听这两个书生，他们分别叫杨时和游酢。那天程夫子醒来，门前的积雪已有一尺厚，而杨时和游酢始终站在雪地里，没有打扰老师。这么尊重老师的人，嫁过去做小妾，想必日子会比较轻松。但隔壁的张婶告诉我，程夫子信奉"灭私欲，则天理明矣"，意思是只有遏制自己的冲动和欲望，才能够明白世间至理。而纳妾是对私欲的纵容，程夫子的学生不会干这种事。

这些年我走南闯北，从洛阳辗转至温州，在一些受到尊重和受到欺侮的时刻，脑海里总会浮现出那个雪天。

浣衣女

直击现场 朱熹前去拜访著名史学家郑樵，竟然遭到这样对待！

引言 朱熹是著名的理学家和思想家，提出的"格物致知"理论深入人心。所谓"格物致知"，就是通过深入观察各种物体和现象来获得知识。小编为了了解朱熹，也对他进行了一番观察，没想到结果却让人震惊。

薤头　白盐　白姜　白豆腐

朱熹去同安县赴任，途经莆田，了解到史学大家郑樵住在这里，便前去拜访。小编一路跟踪，看到朱熹进入了郑樵的夹漈草堂，于是便站到窗户边上偷看。只见朱熹拿出一块石头说道："郑兄，我近日获得一块太阴元精石，发现这石头有六条棱。不知你是否仔细观察过雪花，每一片雪花也都有六个角，从无例外。"郑樵听了，笑而不语。朱熹颇为激动，继续道："这说明六是一个'天地自然之数'，和其他数字有本质区别！或许我还能从大自然中找到更多的'六'，来佐证我的看法，获得更多上天的启示。"

郑樵道："你这个格物致知的方法很有意思。一直以来我们都是在书本里做研究，你能够想到去亲近自然、观察事物，必将有更多不同的收获。"

实不相瞒，小编听得晕晕乎乎、昏昏欲睡，直到郑樵又拿出几样饭菜才清醒过来，主要是想看看有什么好吃的。桌子上四个碗碟依次排开，里面分别装着白盐、白姜、薤头和白豆腐。小编心中咋舌，这能好吃吗？但见朱熹吃得津津有味，想必是为了给郑樵一个面子。

此二人相见恨晚，大聊特聊，直到太阳落山还未停下。小编站了太久，腰膝酸软，无力倾听，只好先行离开。（撰稿时间：1152 年）

主编的话 跟踪和偷听都是非常不道德的行为！在此对本报的这位员工提出强烈谴责！事发之后，我们对本文小编进行了严肃批评，并把他带到朱熹的住处，让他赔礼道歉。朱熹看了这篇文章后解释，郑樵一心做学问，家庭贫寒，拿出白盐、白姜、薤头和白豆腐四样食物，已经是他待客的最高规格。希望大家不要误会。因为本文含有对他"格物致知"思想的呈现，朱熹同意我们刊登这篇报道，并在文末说明情况。本报对朱熹的宽宏大量表示感谢！

快讯：
鹅湖之会顺利进行

一直以来，由朱熹所带领的程朱理学派和由陆九龄、陆九渊兄弟所带领的心学派在观点上多有冲突，互不相让。于是他们决定在鹅湖山展开辩论，这次势必要分出胜负。让我们来到现场，感受火热的辩论氛围！

这场辩论的主题是"怎样培养学生"。乍一看是一个教育学问题，其实是关于"认识世界"的问题。教育学生，必然要向他讲述认识世界的方法，而不能径直描述世界的样子，因为方法比知识和道理更重要，方法是获得知识和道理的前提。参加辩论的人是朱熹和陆九渊，两派其他支持者旁听。

朱熹： 培养学生的要义是让学生知道"居敬穷理"。"居敬"是指始终以严肃认真的态度对待事物，"穷理"是指做研究要往深处走，穷尽万物的道理。只有把这两点教给学生，学生才能够自主学习、学有所成。

陆九渊： 我则认为，培养学生最重要的是提醒他"尊德性"。人心中的道德是"天理"的一部分，是上天赐予的。只有把观察自己的内心当作头等大事，才能通晓天地。

朱熹： 有了严谨的态度和穷尽万物的决心，还需要具备"格物致知"的方法。格物致知的意思是，通过多观察、多读书，吸取外部的信息，再结合个人的经验，就能得出新的结论，变得更有知识。任何知识都是万物之理的一部分，这就是我们程朱理学的核心思想！

（台下的理学支持者此时纷纷高喊：理学！理学！）

（陆九渊见状，眉头一皱。）

陆九渊： 万物之理只能从内心获得。你在任何阅读和观察之后，都要把得到的东西用心思索，用口说出，用笔写出。由此可见，心即是理，天下哪有心外之事和心外之理？

朱熹： 照你所说，你的学生每天待在家里，不读书也不参加集会，只是在心里想事儿，就能够获得才能、成为对社会有用的人吗？这也未免太简单了。

陆九渊： 须知大道至简，你的"格物致知"听起来太过于繁杂琐碎。难道你的学生要看过世上的每一本书、观察过世上的每一个物，才能够获得你所谓的"理"吗？这也太难了。尧舜之前有何书可读？人类却同样依靠着探索心灵走到了今天。这就说明，"格物致知"绝不是认识世界的头等方法。

（朱熹沉默，似乎是感到难以反驳。台下传来"吁"的声音。）

（组织这场会议的哲学家吕祖谦出来打圆场，认为双方都贡献了非常精彩的观点，本次鹅湖之会取得了圆满成功！）

　　鹅湖之会虽然结束，理学和心学之争却未有定论。可以预见的是，未来数十年甚至数百年，理学和心学两派还会涌现出诸多大家，展开更多精彩的论辩。（撰稿时间：1175 年）

简讯 1520 年

据悉，王守仁于去赣州路上提出「致良知」的思想。「致良知」意为在心中树立正确的思想道德观念，然后再遵循此观念去做事。可以说，「致良知」的出现，为众人提供了清晰正确的行为准则，从而可以使更多的人合理规范自己的行为。

突发事件！
著名哲学家李贽在狱中自尽

摘要 据悉，不久前哲学家李贽被皇帝以"惑世诬民"的罪名关入牢狱，因其提出了许多离经叛道的思想观点。近日，李贽在狱中自杀，享年76岁。他做过父母官，也当过和尚，一生虽不能说颠沛流离，但也为了践行自己的理念承受过不少苦难。功过如何，就交由后人评说吧。

回顾李贽的一生，实在不太平。事情起源于他向程朱理学宣战，斥责其为"伪道学"，后来更是一把火烧到孔子的身上，他在《藏书·世纪列传总目前论》里写道："咸以孔子之是非为是非，故未尝有是非耳。"这是批判如今的学者都以孔子的是非观作为判断事物的标准，表面上是非分明，实则根本没有自己的是非观，这和人云亦云没有区别。他犀利的言辞和反叛精神吸引了诸多粉丝，让人们的思路更加开阔活跃。

除了倡导要拥有自己的是非观，李贽还秉持功利主义思想，认为程朱理学的无私之说纯属画饼，说得好听，其实没有一个人能做到。私心正是人之所以为人的体现，理学家"存天理灭人欲"的观点无异于杀人。

随着李贽的思考愈加深入，愈加坚持践行自己的观点，他激怒的人也就越来越多。例如他提倡人人平等，于是同样也招收女弟子、创作婚姻自由题材的小说。这可捅了卫道士们的马蜂窝。两年前，湖广佥事冯应京滥用职权，指使一伙歹徒烧掉了李贽的住所。当时李贽已是一名僧人，打算圆寂后采用火葬处理尸体，并为自己的骨灰放置选择一座小塔，这座小塔也被歹徒烧掉。李贽为了安全，躲到山中居住。

李贽影响之大，使得想要除掉他的人越来越多。今年，李贽身为76岁老翁，遭到都察院的弹劾并因此下狱。农历三月十五日，他假意让侍者为他剃头，却忽然夺过剃刀，割断了自己的喉咙。

本报得知消息，在办公的草庐中集体默哀。恰逢官府前来没收李贽的著作，在书架上找到《焚书》《藏书》《荔镜记》，将它们一把火烧掉了。（撰稿时间：1602年）

如此好书的作者 究竟 是谁？

作为人类历史上最具好奇心的报社，本报对各种未解之谜都很感兴趣。近日，图书市场上出现了一篇《方法论》，对此前的哲学观点发起了冲击。遗憾的是，《方法论》是匿名发表，我们并不知道作者是谁。现摘录一些内容，以供读者分析，邀请大家和我们一同揭开此书的作者之谜。

		记者评论
书摘 1	关于哲学我只能说一句话：我看到它经过千百年来最杰出的能人钻研，却没有一点不在争论中，因而没有一点不是可疑的，所以我不敢希望自己在哲学上的遭遇比别人好；我考虑到对同一个问题可以有许多不同的看法，都有博学的人支持，而正确的看法却只能有一种，所以我把仅仅貌似真实的看法一律看成大概是虚假的。	好猖狂的发言！是一种"怀疑一切"的思想。
书摘 2	所以我相信，用不着制定大量规条构成一部逻辑，单是下列四条，只要我有坚定持久的信心，无论何时何地决不违犯，也就够了。 第一条：凡是我没有明确地认识到的东西，我决不把它当成真的接受。也就是说，要小心避免轻率的判断和先人之见，除了清楚分明地呈现在我心里、使我根本无法怀疑的东西，不要多放一点别的东西到我的判断里。 第二条：把我所审查的每一个难题按照可能和必要的程度分成若干部分，以便妥为解决。 第三条：按次序进行我的思考，从最简单、最容易认识的对象开始，一点一点逐步上升，直到认识最复杂的对象；就连那些本来没有先后关系的东西，也给它们设定一个次序。 最后一条：在任何情况之下，都要尽量全面地考察，尽量普遍地复查，做到确实毫无遗漏。	在"怀疑一切"的基础上，构建出了一套解决问题的方法。
书摘 3	由于我发现除星球之外世界上只有火产生光，所以我撇开其他现象专门下功夫详细说明那些与火有关的事情，指出火是怎么产生的，怎么维持的；它何以有时候有热无光，有时候有光无热；它何以能够在不同的物体上引出不同的颜色以及不同的其他性质；它何以把某些东西烧化，把另一些东西烧硬；它何以能烧掉几乎所有的东西，把它们烧成灰和烟，以及它如何能单凭猛烧就把那些灰烬烧成玻璃。	作者对自然现象和背后的原理也有一定的研究。
总 结	根据这几条书摘，记者想到了著名的哲学家和数学家笛卡儿。"怀疑一切"、遵循理性、研究科学，这正是笛卡儿的标签。不知道读者朋友们有没有不同意见呢？欢迎您的来信。（撰稿时间：1637 年）	

何为启蒙：访谈明末清初四大启蒙思想家

编者按 近日，我们邀请了顾炎武、王夫之、黄宗羲和唐甄四位著名的启蒙思想家，来为大家做一次深入的访谈。谈一谈何为启蒙，启蒙的作用是什么，为了让自己受到启蒙，我们应该有哪些行动？

记者：哪位老师能说一说"启蒙"的含义？

顾炎武： 在我心里，"启蒙"指的是更加开阔的思路。一直以来程朱理学把持着关于世界的解释权和探索方法，但如果程朱理学已经和现在的生活环境不匹配，我们就需要一种新的思想观念。

王夫之： 程朱理学并非完全不可取。对我来说，程朱理学可以改造，也值得改造。"启蒙"指的是让世人获得改造后的程朱理学，并对这个宇宙中的万物产生更多思考。

天下兴亡
匹夫有责

记者：那么王老师，您想如何改造程朱理学呢？

王夫之： 首先"存天理，灭人欲"肯定是不对的，为什么要把天理和人欲对立起来呢？我们正常人的欲望也不是什么杀人放火坑蒙拐骗，也就是吃饱穿暖，组建一个相互扶持的家庭，有一份收入还行的工作。这咋了，这怎么会和天理相矛盾呢？所以这一条要划掉。

（记者把目光转向黄宗羲和唐甄。黄宗羲笑笑不说话，唐甄则颇为激动。）

记者：唐老师来说说？

唐甄： "启蒙"就是完全地破坏、打碎、摧毁现有的思想观念。举个例子，我对我国的君主制大有意见。天子凭什么富有四海？凭什么能够驱策万民？我看从秦朝开始，凡为帝王者皆贼也……

（出于对采访节奏的考虑，记者及时地转移了话题。）

记者：好的唐老师，理解您的心情。您能具体说说您希望生活在一个怎样的国家里吗？您的观点能够帮助您达成这一目标吗？

唐甄： 你这个问题真是问到我心里去了。首先我提倡人人平等，什么君为臣纲、夫为妻纲、父为子纲都是无稽之谈。你命好，当上了皇帝，就比大臣们强，大臣们都得听你的；你是男的，就比女的强，你老婆得听你的；你是爹，就比子女强，子女得听你的。这说的是人话吗？既然人人平等，所谓士农工商的次序也该打破。这帮读书人，有了定次序的权力，就把自己定到第一位，真是令人不齿。我看农和商都很重要。农人种植粮食，保障民生；商人则把农人的粮食带到四海，还能让各地出产的特色货品进入千家万户。同士相比，怎么就低人一等了？因此，国家应该推行农商并重的政策，百姓才能更加富有。说回我的目标，我的目标就是让大家都发财。在一个人人平等的社会里，大家肯定都会更加有钱的！

黄宗羲： 我做一点补充。我很同意唐甄所说的农商并重，我认为工业作为农产品和商人之间的连接点也非常重要，三者都是国本，缺一不可。目前农民的赋税是最低的，我建议工商业的赋税和农业保持一致。

记者：这的确是颠覆性的观点。听惯了士农工商的排序，农商并重是我完全没有想到过的。顾老师和王老师有类似这种"炸裂"的观点吗？

顾炎武： 谈不上"炸裂"，都是很朴实的看法。我提倡"经世致用"，一个学生学习诗文和历史，最终目的都是要学以致用，从中获得治理国家的方法。

王夫之： 其实"格物致知"是很好的道理，但理学派真的做到云游四方去"格物"了吗？他们只是坐在家里，宴请宾客，高谈阔论，不去观察百姓的真实生活，不知道稻子何时成熟。作为士农工商的士，他们不愁吃穿，获得供养，离普通民众已经太远了。让这种人去治国理政，简直可怕。

记者：针对这种现象，大家有什么解决办法吗？

王夫之： 由于理学派只会泛泛而谈，不事生产，导致全国上下的生产力都维持在较低的水平，没有被深入开发。所以我的方法就是倡导民众重视欲望，通过激发欲望的方式提升生产力。

黄宗羲： 情况可能比王老师看到的还要差。现在已经不是官员空谈的问题了，而是官员抱团、盘剥百姓、尸位素餐的问题。有时我感到绝望，方法虽然摆出来，但这些人是不会改的。

唐甄： ……杀光他们。

记者：注意素质。

顾炎武： 天下兴亡，匹夫有责。只有多多宣讲，把我们的思想传递给全国百姓，事情才有可能迎来转机。只要我还活着，就不会放弃希望。

王夫之： 先生高义。时代风云变幻，我们走一步看一步吧。

访谈虽已结束，但本报会继续关注这四位思想家的最新观点和人身安全。也希望各位读者能够受到启发，发扬主人翁精神，参与到"天下兴亡"的事业中。（撰稿时间：1658 年）

感谢信

致我最亲爱的朋友约翰·洛克

沙夫茨伯里伯爵，辉格党领袖，与著名哲学家约翰·洛克交谊甚笃。1667年，他的肝脏病情逐渐恶化，在约翰·洛克的建议下，沙夫茨伯里伯爵接受了当时并不被提倡的开刀手术。手术大获成功，沙夫茨伯里伯爵身体也逐渐康复。

我的身体在逐步恢复健康，谢谢大家一直以来的关心。这次的手术除了各位医生，最要感谢的，就是我最亲爱的朋友约翰·洛克，如果没有他，我甚至都不会接受手术！

还记得前一段时间，当我的肝脏出现严重问题时，约翰·洛克对我表示，想要彻底解决疾病就必须开刀为我取出病灶，当时的我甚至想都没想就拒绝了——我宁愿痛死在床上，也不愿意直接死在手术台上！可他仍然没有放弃，用丰富的医学知识，不断劝解着我。最终我被他的专业和真诚所打动，决定冒险尝试一下，没想到竟然成功了！

感谢你，我最亲爱的朋友约翰，是你给我了我第二次的生命！我为你的能力和学识感到骄傲，更为我能有你这样的朋友感到自豪！（撰稿时间：1668年）

讣告

1704年10月28日

英国著名哲学家约翰·洛克不幸逝世。作为启蒙运动的代表人物之一，约翰洛克也被称为自由主义之父。他有关自由和社会契约的理论，也影响了后来的美国开国先贤托马斯·杰斐逊等人，甚至激发了美国独立革命与法国大革命。而他的著作——《政府论》更是对后世的影响非常深远，甚至可以说是现代政治哲学的奠基之作。

简讯

1665年，英国伦敦爆发大规模传染病，此次的传染病被确认为是淋巴腺鼠疫。据分析，它是一种由鼠疫杆菌造成，以跳蚤为载体的细菌感染，目前，英王查理二世及家人已前往牛津郡避难。请普通群众遵守医生、药剂师的指导，积极做好防护！

主播

贝克莱

正在直播：
贝克莱为获经验竟然尝试"上吊"！

📹 文字直播

本报记者 10:00:05

大家好，欢迎来到本报直播间，贝克莱先生现在就站在我的身边，大家有什么想对他说的吗？

主播 贝克莱 10:02:00

我是贝克莱，非常感谢大家，请大家放心。下面记者将直播我"上吊"获取经验的全过程，请大家认真观看。

本报记者 10:06:37

贝克莱先生将一根绳子绕过房梁后打了个死结，嗯，他确认了一下房梁是足够结实的。

本报记者 10:07:20

他已经站到凳子上了。

本报记者 10:08:58

贝克莱先生用绳圈套住了脖子，他蹬倒了凳子！贝克莱先生体验上吊环节正式开始了！

本报记者 10:10:01

贝克莱先生的双脚在不停乱蹬，他的双手紧紧地抓住了绳子，不断地晃来晃去！他的浑身都在发抖，面部逐渐扭曲……

本报记者 10:16:55

不好意思，因为贝克莱先生刚才险些出现意外，导致刚才直播暂停，我们对此深感抱歉。请大家放心，贝克莱先生目前已经被我们救下，状况良好。另外，请大家千万不要模仿贝克莱先生的行为，以免产生危险。今天的直播就到这里，谢谢大家的观看，再见！

📖 直播简介　　直播时间：1728 年

　　提出"存在即是被感知"的著名哲学家、近代经验主义的重要代表乔治·贝克莱先生受本报邀请，决定于本报直播间开启现场直播，以展示自己获取经验的过程。而本次贝克莱先生想要获取的是——"上吊"的经验。

从惺惺相惜到形同陌路

休谟与卢梭均是这个时代伟大的哲学家，但在许多年里却积累下刻骨的仇恨。拨开重重迷雾，在这个急需启蒙的时代，他们之间究竟发生了什么？本报将为您揭开真相。

十五年前，卢梭写出了大名鼎鼎的《社会契约论》和《爱弥儿》，因其中涉及宗教的部分而引发当局的不满。恰逢他与哲学团体"百科全书派"决裂，一些流言或许也加重了政府对他的厌恶。终于，法国议会向卢梭发出逮捕令，卢梭不得已逃往瑞士。

这无疑是一种黑色幽默，《社会契约论》和《爱弥儿》并没有想要和读者大肆讨论宗教问题，而是试图对人与社会结构和政府为何存在做出解释。关于宗教的讨论并非书的主旨，却直接改变了卢梭的命运。这位浪漫、诚恳、神经兮兮的哲学家不得不展开逃亡，并因此遇上他的一生之敌——他无数一生之敌中最为有名、最为重要的一个，也就是休谟。

休谟是一个好人，美名传播甚广。他严谨、温和，与人交谈时往往尽力令对方感到舒适，在朋友和知识分子圈内口碑极佳。而卢梭与百科全书派刚刚闹翻，他敏感、脆弱和神经质的名声传遍整个欧洲。

好人休谟或许是对卢梭的著作感到认可，或许是为了维护自己的好人名声，在 1766 年陪着卢梭来到英国，想要为卢梭申请一笔年金并提供其他帮助。对于这笔年金，卢梭没有立刻接受，说还要再想想。这出乎休谟的意料，他对此感到难以理解，甚至怀疑卢梭想要让他难堪。休谟曾在睡梦中大喊"我留住了卢梭"，这也让正在遭受迫害的卢梭惊出一身冷汗，认为休谟另有阴谋。误会叠加误会，短短一年时间，休谟在卢梭眼中已经成为两面三刀的伪君子，休谟则认为卢梭是忘恩负义的恶棍。卢梭措辞狠辣的绝交信被刊登在报纸上，而休谟也迅速出版了一份辩护材料。两人针锋相对，看客们或惋惜、或批评，着实热闹了好一阵子。

据了解，休谟 26 岁时写下《人性论》，其中对因果律进行了深刻思辨。他认为当一件事随着另一件事而来，最常规的想法是找出二者之间的关联。但这一关联实属虚幻，所谓"因果"的概念只是人类的一厢情愿，无法通过观察得到。或许休谟从一开始就谅解或者说理解了卢梭，因为寻找因果是人性，卢梭也无法超脱于人性之外。面对一件件理解

不了的事情（尽管我们已知道大多出于误会），卢梭只好找到这样的"因"，将问题归结于休谟的秉性和动机。

去年休谟病逝，留下一篇短短五页的自传，其中坦诚讲到自己的虚荣。他期望自己的作品获得更多更好的名声，这种期望所带来的激情主导了他的生活。他也说明，自己的散文大获成功，使他忘记了先前的失望。这种虚荣是否突破了他的作品，延展至他的生活？旁人不得而知。

好人休谟最终守住了他的好人名声，他的病逝令许多曾经受到恩惠的人感到伤痛。同年一向强壮的卢梭在街上遭遇一场车祸，使他脑震荡，并且在未来的日子里难以摆脱癫痫的折磨。今年 7 月，卢梭去世，听说他在生命的最后几天里心情较为平静，精神较为康健。（撰稿时间：1777 年）

卡拉斯事件始末

据悉，美国近日通过了《美利坚合众国宪法》，宣称"三权分立"，就连最高法院都会受到制约。这让本报记者想到了多年前与法国法院有关的"卡拉斯事件"。商人卡拉斯的儿子安东尼被发现吊死在门框上，法院立刻派人逮捕卡拉斯，认为卡拉斯是由于信仰不同而杀掉了信仰天主教的儿子。卡拉斯最沉冤昭雪，功不可没的当属哲学家伏尔泰。

伏尔泰是人人敬仰的哲学家。他主张天赋人权，反对君权神授，这听起来实在大逆不道。所谓天赋人权，就是指人所具有的权利是上天所给予，对于所有人来说都是一样的，并不会偏向君主。很明显，他所持有的观点令君主非常不满，好在伏尔泰深谙逃亡技巧，并且隐居过很长一段时间。

伏尔泰不但擅长触怒君主，还擅长触怒教会。宗教内部的争斗造成了更多流血牺牲，这让他意识到当今的宗教已经脱离了他们所宣扬的真善美，而彻底成为争权夺利的工具。因此伏尔泰对宗教多有批判，没有一个教派待见他。当伏尔泰听说了卡拉斯一案，立刻意识到，表面上是冤假错案，实则是教派之间的争斗，天主教想要利用卡拉斯的性命立威。于是伏尔泰亲自出马，展开一系列调查，搜集目击者的证词，采访了卡拉斯的另外两个儿子，以翔实的证据为卡拉斯平反。

卡拉斯年近 70，怎能杀害身强力壮的安东尼？安东尼是自杀而死，他在自杀前便已长期酗酒、债台高筑，深感生活无望却得不到父亲的理解……要说卡拉斯有什么罪过，也只是养育孩子方面的过失。

在伏尔泰的推动下，或许是为了堵住天下人悠悠之口，法院决定重新审理此案，卡拉斯得以沉冤昭雪。理性的思想战胜了弊端重重的法律，欧洲的良心在此刻熠熠生辉。（撰稿时间：1787 年）

自律给我自由

柯尼斯堡大学校长、著名的哲学家康德先生向本报寄来一封稿件，介绍了自己自律的生活和这样做的原因，并希望本报能够将其刊登在头版头条，让更多的人读到他的生活方式，如果能够有一点感悟就更好了。

《好奇心时报》的读者朋友们，大家好，或许你已经从新闻报道中见过我的名字，或是在书店里见过我的书，甚至在柯尼斯堡的街道上见过我。一直以来我以哲学家身份示人，但今天我想和大家聊一聊良好的作息。

我的生活十分规律，每天起床和入睡都有固定的时间。起床后一定要来一杯咖啡——在固定的时间，接下来是写作和去学校上课。每到下午三点半，我准时去往菩提树大道散步，在这条路上来回走八次。一位学生曾经对我说，她在三点半准时来到菩提树大道，想看看我会不会准时出现。如她所愿，我的散步时间非常准确。她还告诉我，一位居民看到我出现在道路的起始端，立刻开始校准自己的手表。坦诚讲，我没有亲眼看到，或许她是在揶揄我呢？这谁知道。

我虽然自小体弱，却不容易生病，这或许也和我规律的作息有关。当然，健康只是附加品，

我的自律实则源于我的哲学观点。没办法，又聊到哲学了。亲爱的读者朋友，既然您已经读到这里，何不继续看看我是如何把自律和哲学扯上关系的？自律是规则的外化，我遵守贴在墙上的时间表，更遵守心灵的规则。关于道德观念，我的心中有一整套完善的规则，这就是"心灵的规则"，在我的意识活动中，没有一丝一毫逾越了这套规则。

自己树起规则，而后自己遵守，这听起来就像让学生批改自己的卷子，很容易引起师长的怀疑。但卷子是有形的，意识是无形且不为人知的，除了自己管理意识，再没有更好的办法。而当我成为自己的立法者，我也就获得了真正的自由。

或许这一套说辞您一时半会还无法接受，我的建议是不妨试一试，体验一把"为自己立法"，做自己的主人翁——从按时起床开始！（撰稿时间：1788 年）

从不过问家事的 黑格尔

作为德国唯心主义的代表人物，德国古典哲学的集大成者黑格尔，一向以老师的身份在校园教书，甚少在公众前露面。不过，这次他却因为家中失火而备受人们的关注。

近日，城中流传着这样一则趣闻：著名哲学家黑格尔正在朋友家聊天时，他家的保姆惊慌失措地跑来告诉他，他家房子发生了大火。可此时黑格尔正聊到兴头上，对家里的情况满不在乎，他甚至还说了一句："你应该去告诉我的太太，众所周知，我不过问任何家事。"针对以上传言，本报记者决定亲访黑格尔，以证是否属实。

在一片残垣断壁旁，我们见到了黑格尔，这里曾经是他的房子。"没错，我的确是那么说的。"黑格尔说，"我真的不过问任何家事。如果你们想来问我房子何时会建造好，那么，请去问我的太太吧！"

当记者问到当时黑格尔和朋友的聊天内容时，黑格尔像是打开了话匣子，滔滔不绝地说了起来。

"我们聊到了我提出的'辩证法'思想——任何事物都是由矛盾和对立面的斗争产生发展的。这个世界也是一样，它以思想和精神为本质且不断变化发展着，这也是历史发展的根本动力。"黑格尔喜不自胜，很显然，他对自己新思想的热爱远远超过了自己的房子。

面对自己房子的烧毁，黑格尔不但毫无忧虑，还依然能对哲学侃侃而谈，足见他对哲学的真诚以及热爱。希望黑格尔先生能在未来，为我们带来更多哲学思想和哲学著作！（撰稿时间：1817 年）

讣告 1831 年 11 月 14 日

德国哲学家黑格尔疑感染霍乱去世，享年 61 岁。黑格尔建立了世界哲学史上最为庞大的客观唯心体系，极大地丰富了辩证法。他的著作以哲学的高度几乎涉猎了人类知识的全部领域，是一位伟大哲学家。

修复后的黑格尔家

重磅新书！《资本论》上市，引发购买狂潮！

卡尔·马克思写作十年，终成旷世杰作《资本论》！政治、历史、经济学……和人类关联最大的学科都在这儿，卡尔·马克思带您洞察社会变革！

1769 年，英国人瓦特改良了蒸汽机，把人类带入一个"借力"的时代。燃料和水是如此容易得到，蒸汽之力席卷整个欧洲大陆。机器代替了一部分人却不能完全代替人，人要用肉身去追赶机器的工作量。工人们失去工作岗位，侥幸保住工作的工人则更加疲累。与此同时，整体生产力的提升使资本家们赚得盆满钵满，却不愿为工人提供更好的福利待遇，矛盾愈加积累。

马克思敏锐地意识到这一切，对工人的同情和对公平公正的向往使他着手研究资本主义。机器的加入切碎了工人的工作，一条流水线可以连接许多工人，有的工人拧螺丝，有的工人上油漆，有的工人套包装……哪怕他们根本不知道自己生产出了什么，也能够在无知的情况下把一件产品生产出来。可这时人和机器还有什么分别呢？人的尊严如何在这样的工作中维系呢？马克思提出了"劳动异化"的概念，认为工人一旦对工作失去掌控，这种失控就会逐步蔓延到他的生活和意志，最终完全沦为资本家赚钱的工具。

发现问题就要尝试给出解决方案，对工人的同情是马克思写作《资本论》的序曲。此后他一头扎进大英博物馆，耗费十余年时间查找资料并坚持写作，终于写出这部皇皇巨著，对资本的生产过程进行了鞭辟入里的分析。全书共有七篇，讲述了商品和货币的定义、货币是如何转化成资本、资本又如何持续积累。

不必担心看不懂，只要买过东西、用过钱、上过班，你就一定能看懂！依记者之见，每一位勤勤恳恳的劳动者都应该读一读这本书，读一读在资本积累的过程中我们究竟失去了什么，一个公平公正的未来距离我们又有多远。（撰稿时间：1867 年）

简讯

对于列宁来说，马克思与恩格斯同样重要。他在采访中表示，马克思主义尽管是以"马克思"为名，实际上却是马克思和恩格斯两人共同的智慧结晶。当他想要完全弄懂马克思主义时，他意识到必须充分研读恩格斯的著作。在马克思与恩格斯两位精神导师的指导下，列宁缔造了世界上第一个社会主义国家。

编辑手记

我注定要拉第二小提琴

读者朋友们好，我是《资本论》（全三卷）的编辑恩格斯。我最好的朋友马克思生前只完整写出了《资本论》第一卷，他还有许多第二卷和第三卷的手稿没能和大家见面。我们的哲学思想基本一致，又有着共同的事业——为无产阶级服务，于是我承担了整理他手稿的工作，编纂出了余下两卷《资本论》。如果说马克思是"第一小提琴手"，在乐队中负责乐曲的主旋律；那我就是"第二小提琴手"，负责为他和音，让主旋律显得更加悠扬。如今《资本论》第三卷已经上市，我也圆满地完成了这一任务。我为我的朋友能够写出这样伟大的作品而骄傲，也希望他对我后续的工作感到满意。

恩格斯（撰稿时间：1894 年）

天才人物的 最完美范例

1951 年 4 月 29 日，维特根斯坦去世，这位 20 世纪最伟大的哲学家之一，被其导师罗素称为"天才人物的最完美范例"。本报将带您回顾他的一生，目击天才如何担负起他的责任。

维特根斯坦作为哲学家被人们熟知，实际上他曾在柏林工业大学攻读机械专业。研究机械需要一定的数学知识，他在学习数学的道路上恰巧读到罗素的《数学原理》和弗雷格的《算数基本法则》，从此对数学产生了更多兴趣。仔细想想，吸引他的真的是数学吗？相比数学家身份，罗素更闪耀的领域在哲学；而弗雷格同时是逻辑学家，试图利用逻辑追寻数学的本质。数学的本质，这听起来更像个哲学问题。我们有理由相信，真正吸引维特根斯坦的是严密的逻辑与深邃的思辨，他一头扎进数学与哲学，据他自己所言，"陷入了病态的激情。"

天才的标识缓缓浮现，一种超脱于物质而纯粹属于精神世界的激情摆布了他的生活。维特根斯坦此时并未意识到这种激情只属于天才，他带着自己的手稿拜访弗雷格，并在弗雷格的建议下投入罗素门下。实际上，机械工程师出身的维特根斯坦难以判断自己的研究是否有价值，一种虚无感笼罩了他。精神健康、生活幸福的罗素拯救了他衰弱的精神，认定他是一位天才。

哲学观点的打磨需要很多讨论，维特根斯坦的天才病在此时发作，他难以忍受社团在研讨时的吵闹，记者倾向于这些吵闹无法为他带来观点的革新或者灵感的迸发，简而言之，毫无意义。天才追求纯粹，他瞧不上他们的讨论，于是离开，丝毫不顾及人际关系的崩裂。

1914 年，维特根斯坦作为志愿兵参与了第一次世界大战，身在前线他依然不忘撰写哲学笔记，听起来他拥有近乎恐怖的专注力。

此后维特根斯坦在哲学上更多地承担了破坏者的角色。他在《逻辑哲学论》里写道："整个现代世界观都建立在一种幻想之上，即所谓的自然法则是对自然现象的解释。"他对自然科学提出怀疑，所谓的"解释世界"只是一场镜花水月。他还认为语言具有局限性，很多人真正想表达的东西，用语言说出来后就已经有了信息的损失。这些创造性的观点，直至他死亡也未曾改变。

维特根斯坦为世人确立了天才的范本：自发的深邃的激情、认真、深刻、勇于质疑……而他的逝世无疑是哲学界的一大损失。（撰稿时间：1951 年）

维特根斯坦的理论势必会对哲学的未来产生巨大影响。

不知你有没有思考过这样的问题：我们是谁？我们从哪里来？又要到哪里去？如果你的回答是肯定的，那么恭喜你，你具备了成为一名哲学家的潜质。很多人会认为哲学离我们的生活太过遥远，哲学家这一群体也是那样的遥不可及；实则不然，生活中的哲学问题俯仰皆是。那么，什么样的人才是哲学家呢？为了能全面地回答这个问题，记者采访了来自各行各业的本报读者。

哲学家的思想从林

我虽然钻研哲学多年，但我不敢妄称自己为哲学家，在哲学的这条路上，我始终觉得自己是学生，一直在被前人学者的光芒照耀着前行。所以我觉得，哲学家就是人类思想的引路人和启明灯。他们在独思中徘徊、在发展中求变，他们挖掘人类思想的深度，为普通民众提供思考世界的视角。

好奇心大学的
哲学系教授

我最近一直有个疑惑，那就是我到底是谁。我去问老师和家长，但是他们也不能很好地解答我的问题。后来看了《好奇心时报》我才知道，原来我思考的竟然是一个哲学问题。但是我发现哲学对我来讲有点儿难，我还不能完全理解，可能等我长大以后我才能理解哲学的奥秘吧！不过哲学家的故事很好看！

好奇心小学的
二年级学生

初入这个领域时，我认为哲学知识非常晦涩难懂，哲学家也只是一群难以接近的、只会做学问的怪人。后来，我才渐渐理解哲学思想的深邃和独到之处，哲学家也并非单调无趣的人，在他们身上也会发生很多有趣的小故事，他们总是有用简单的方式传递智慧，以幽默的方式启迪人生。

哲学杂志的
编辑

哲学家就像我们工作中的一本参考书。很多时候，我们记者与哲学家一样，都走在致力于还原事实真相、追求思想深度的道路上。所以我觉得，哲学家的思维方式对我们的工作帮助很大，他们是社会的良知和道德的守望者，他们通过哲学思考，为我们提供了评判是非、善恶的标准。

《好奇心时报》的
记者

"哲学家是什么"这一问题，或许很难一言以蔽之。每个人都有独属于自己的思考方式和哲学观念，因此从古至今，孰是孰非问题的争辩从未停歇。从古希腊的哲学殿堂到现代的思想森林，哲学的发展历程总是充满了思考与辩论的火花。古今中外的众多哲学流派和分支，如同闪耀繁星，共同构成了人类智慧的星空，他们是人类进步的垫脚石，也是思维迸发的助推器。现在，当你想到哲学家的时候，你又会为他们描绘出什么样的形象呢？

时代在变化，很高兴能一直陪着你，和你共同见证哲学思维的无限碰撞。

——《好奇心时报》

撰稿时间：2025 年

创作团队 CREATIVE TEAM

米莱童书

　　米莱童书是由国内多位资深童书编辑、插画家组成的原创童书研发平台。旗下作品曾获得 2019 年度"中国好书"，2019、2020 年度"桂冠童书"等荣誉；创作内容多次入选"原动力"中国原创动漫出版扶持计划。作为中国新闻出版业科技与标准重点实验室（跨领域综合方向）授牌的中国青少年科普内容研发与推广基地，米莱童书一贯致力于对传统童书进行内容与形式的升级迭代，开发一流原创童书作品，适应当代中国家庭更高的阅读与学习需求。

策 划 人：韩茹冰

原创编辑：张婉月　毕莹莹　朱梦笔　孙楚楚　李传文

漫画绘制：朱梦笔　都一乐　王　啸

装帧设计：马司雯

图书在版编目（CIP）数据

哲学家每天都在做什么？/ 米莱童书著绘 . -- 北京：
北京理工大学出版社 , 2025.3.
（好奇心时报）.
ISBN 978-7-5763-4631-2

Ⅰ . K815.1-49

中国国家版本馆 CIP 数据核字第 2025SL7365 号

责任编辑 / 徐艳君　　**文案编辑 /** 徐艳君
责任校对 / 刘亚男　**责任印制 /** 王美丽

出版发行 / 北京理工大学出版社有限责任公司
社　　址 / 北京市丰台区四合庄路 6 号
邮　　编 / 100070
电　　话 / (010) 82563891 （童书售后服务热线）
网　　址 / http : //www . bitpress . com . cn

版 印 次 / 2025 年 3 月第 1 版第 1 次印刷
印　　刷 / 北京尚唐印刷包装有限公司
开　　本 / 889 mm×1194 mm　1/16
印　　张 / 12
字　　数 / 300 千字
定　　价 / 99.00 元（全 3 册）

永远保持探索世界的热情

CURIOSITY TIMES

好奇心时报

发明家每天都在做什么？

米莱童书 著 / 绘

北京理工大学出版社
BEIJING INSTITUTE OF TECHNOLOGY PRESS

好奇心时报 CURIOSITY TIMES

不知道你是不是像我一样，一直对这个世界感到好奇。

很小的时候，我就喜欢看着天上飞来飞去的小鸟，想知道它们是从哪里来，又会飞到哪里去。长大之后，生活中出现了很多新的事物，手机、电脑……每一种新事物出现的时候，我都会好奇，它们好像凭空出现在我们的生活中，然后帮助我们做那么多事情。后来我才发现，一切其实并不是毫无预兆的，在我们不知道的时候，有一群同样对世界好奇的人正在用他们的方式影响着这个世界。

好奇，就是对自己不熟悉的事情产生兴趣，并且渴望对它们有更加深入的了解。南宋诗人陆游在将近七十岁的时候写下这样一句诗："放翁百念俱已矣，独有好奇心未死。"意思就是说，在他已经没有什么念想的时候，心中的好奇却还始终如一。

陆游如此珍视的好奇心，自生命诞生之初，就已经在地球上悄然萌发：我们的祖先对树下的世界好奇着，历史上的先辈们也在对社会的发展好奇着，现在的我们也对这些人好奇着。《好奇心时报》就是一套送给你的礼物，邀请你一起，带上好奇心一起去探寻那些可能熟悉、可能陌生的人物和事物。

《好奇心时报》把镜头聚焦于古今中外的那些发明家，带着你深入探索 35 位发明家如何通过发明去影响这个世界。或许你曾经在某些地方听说过他们，对他们的丰功伟绩了然于胸，但是《好奇心时报》跨越时间和空间，带你来到了这些你只听说过的人的身边。墨子是怎么用他的口才以及发明智退楚王的？数学家祖冲之竟然在百忙之余发明了造福百姓的农具？"发明大王"爱迪生成名前的第一项发明竟然没有人认可？……《好奇心时报》的记者深入一线，仔细记录发明家们生活中的点滴和发明历程，记录他们的发明创造是怎样影响那个时代，又是怎样影响我们的生活的。

除了发明家，《好奇心时报》记者的笔下也记录了古今中外的 39 位艺术家。有的艺术家你可能有所耳闻：梵高割下耳朵是为艺术献身吗？王希孟画下令世人惊叹的《千里江山图》，却为何没能留名《宣和画谱》？郑板桥给自己的字画公开标价，竟然遭人鄙夷？知名画家毕加索竟被险些当作盗取名画的疑犯？……这些艺术家在创作的过程中，用艺术记录下来的世界、用身心经历的人生将由《好奇心时报》的记者一一记录，并展

现在你的眼前。不止如此,《好奇心时报》的记者也记录下来那些你可能不太熟悉的艺术和艺术家:一块泥砖也能做成艺术品?杜尚为什么要给蒙娜丽莎画上小胡子?人工智能也能当艺术家了?……打开《好奇心时报》,一起去了解看似"荒诞""古怪"的行为背后,艺术家们对这个世界的"反叛"。

记者们还保持最大的好奇,找到了古今中外的 42 位哲学家,从首先提出"万物本源到底是什么"这一问题的古希腊哲学家泰勒斯,到享誉哲学界的天才哲学家维特根斯坦,《好奇心时报》带你一起去认识这个世界。当然,你也会在这份"报纸"上看到一些奇怪的报道:大名鼎鼎的斯多葛学派的代表人物赛内卡,竟然是言行不一之人?南宋理学家朱熹去拜访郑樵,郑樵竟然用简陋的饭菜招待他?……当你真的走进这些哲学家的世界,深入了解他们,就会恍然大悟,原来好奇心指引下的他们是这样探寻世界的奥秘的。或许,在这个过程中,你也会对这个我们生存的世界产生自己独到的见解。

《好奇心时报》涉猎广泛,和这个世界息息相关的一切都是这份"报纸"所好奇的。发明家在改变世界,艺术家在记录世界,哲学家在认识世界,而《好奇心时报》的记者们则是用笔杆子记录下来这一切。撰稿、评论、投稿、访谈,你能在这份"报纸"上看到当年发生的一切,看到每一个领域从古至今的发展。

欢迎你订阅《好奇心时报》,欢迎你去往每一个年代,认识更多的人,找到独属于你的好奇心。

时代在变化,祝你永远保持探索世界的热情。

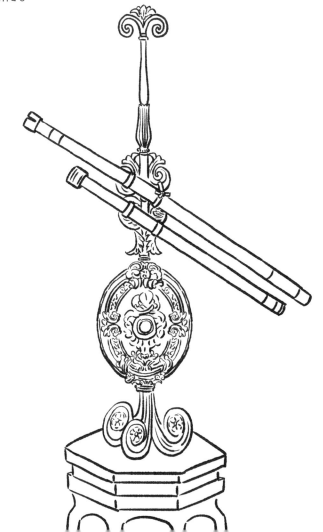

目录 CONTENTS

墨子说服楚王退兵，
是以理服人
还是另有玄机？

6

讣告

诺贝尔逝世

46

LET THE INVENTOR TELL YOU

正在直播：
"飞行者一号"
试飞成功！
———— 48

本期封面

飞行者一号

墨子说服楚王退兵，
是以理服人还是另有玄机？

引言

著名的思想家、发明家墨子近日来到楚国，劝说楚王放弃攻打宋国。楚国和宋国的百姓都对墨子面见楚王一事格外关注，这关乎他们的未来。

传闻站在云梯上的人，一抬手就能摸到云彩，观察对方城池里的防守方式，更是不在话下。而近期，楚国工匠公输班造出云梯的事在各个国家传播，楚王获得云梯，立刻决定攻打宋国的消息也随之流传，百姓纷纷感到惶恐。本报记者立刻赶往楚国了解此事，并在楚国遇见了从齐国而来的墨子。

据悉，墨子先去和公输班会面，在会面结束后，公输班带着墨子前去面见楚王，墨子没有告知本报记者会面时发生了什么，他向本报表示，楚王大概不会去攻打宋国了。本报记者对此感到惊奇，墨子则向我们讲述了他是怎样劝说楚王的。"在见到楚王时，我先向他讲了一个故事。我告诉他，我前些日子抓到一个小偷，想偷我用了三年的小破车，但是这个小偷是本地最有钱的人，平时出门坐豪华大车，穿绫罗绸缎。"

本报记者很是疑惑，莫非这个小偷是犯了偷窃癖？墨子哈哈大笑，告诉记者："楚王也问了同样的问题，这正中我的下怀。楚国地大物博，幅员辽阔，相比之下，宋国不过弹丸之地，野鸡、兔子都见不到几只。倘若我抓住的小偷是犯了偷窃癖，那么楚国攻打宋国又是什么原因呢？"墨子表示，楚王听懂了他的言下之意，却并不觉得丢人，于是墨子当场邀请公输班利用云梯与他进行攻防战的演练。

演练的最终结果是墨子获胜了，墨子表示："我曾发明一种能够连续发射大箭的重型装置，取名为'连弩车'，一旦启动，多箭齐发，攻城的士兵将无处可躲，只能被射死。我还发明了一种火箭，只要对方架起云梯，我们便可射出火箭，烧掉云梯。我和楚王说，如果他攻打宋国，我就把这些发明交给宋国。"这些神奇的发明，本报记者并未见过，但是仅耳闻就已经觉得十分厉害了，想必楚王和公输班也意识到了这一点。

"我说完之后，楚王是想要杀我的，"墨子对记者说，"但是为时已晚了。因为我告诉他，我已经安排了三百名弟子去宋国，人人都掌握了攻防之法和武器。"墨子说话时，表情淡淡的没有什么起伏，就像他刚刚经历的这场决定一个国家命运的事件只是一件平常小事而已，本报记者对此深感佩服。（撰稿时间：春秋末期）

专访 能工巧匠 公输班

摘要 本报记者了解到，前段时间败在墨子手下的公输班也是发明神奇木鸟之人。据说此鸟可以飞在空中三天不下来！此事越传越奇，甚至有传言说木鸟还能驮人运货！本报今日邀请到公输班先生，为大家揭秘这些充满神话色彩的发明。

记者：公输先生，欢迎来到本次访谈。有相关报道说您造的木鸟可以飞在空中三天三夜不下来，是确有其事吗？

公输班 那不过是一种木制的风筝，没那么神乎，哈哈！

记者：可民间各种关于您的传说一个比一个神奇，为什么老百姓总爱给您编神话呢？

公输班：或许是我的发明便利了生活，大家用这种方式表达喜爱吧。

记者：原来如此！您的发明确实广受欢迎，可以介绍一些您的得意之作吗？

公输班：我制作了很多东西，比如木建筑的榫卯结构，木工工具中的钻、锯、曲尺、墨斗等。但说实话，让我自己得意的发明永远都是下一个！

记者：真不愧是建筑和木匠鼻祖！您是怎么想出这些发明的呢？

公输班：是生活教会我的吧。我生在一个木工家庭，从小跟父母做木工活儿，耳濡目染。后来又赶上这个战乱纷争的年代，各国都在推崇劳动生产，我的天赋也就有了用武之地，做出许多小玩意儿。

记者：先生您谦虚了，这些可不是小玩意儿，是大发明啊！

公输班：这要看您抱有怎样的心态了。在我看来，发明不是神话般的壮举，它们可以很微小，比如我发明的水井提水的滑轮。

读者来信

我是家具店老板，因家具市场低迷，店铺好几年销量不佳。但是最近销量猛增，并且顾客们都称赞我家店铺的家具制作精良、坚固耐用。询问店铺伙计后才知道，我家店铺更换了制作家具的木匠。这位木匠名叫泰山，据说曾经是公输班的徒弟。后来我打听了一下泰山的情况。据说公输班对徒弟一向考察严苛，一下段时间都没什么长进，于是公输班便将他淘汰了。后来他努力钻研，掌握了木工的精髓，制作出许多精良的家具。再加上泰山看起来很笨，好一段时间都没什么长进，真是有眼不识泰山啊！我想：这个公输班，真是有眼不识泰山啊！

记者： 您可以展开讲讲吗？

公输班： 当年，我看到村民打水总是用手攥着井绳，一点一点把盛满水的瓦罐从井里往上提，手磨得生疼也打不了几桶水，我就想，如果有东西能帮手分担一下瓦罐的重量，就不会再磨手了！于是就发明了滑轮。

记者： 我好像明白您为何说发明是很小的事了，因为您的很多发明都是对生活细微之处的观察和改造。

公输班： 没错，生活里有很多事物，没人知道它们的发明者是谁，但它们却真切地改善了生活。所以我也希望一切发明最终回归到百姓生活，真正地便民利民。

记者： 我十分赞同。但据本报所知，您之前发明了战争武器云梯，这不是与您所说的便民利民的初心相矛盾吗？

公输班： 是的，我当时坚信技术没有善恶，但是必有高下之分，一心只想着争高低，制作了许多作战器械，比如云梯、钩拒等，却忽视了这些东西会给人们带来痛苦。直到我败在了墨子手下，他所讲的"兼爱非攻"让我心悦诚服、自愧不如啊！

记者： 但我认为您所说的"技术无善恶"的观点并没有错。墨子与您只是立场不同，他是社会道德的教化者，而您在乎技术本身的纯粹性。

公输班： 可能吧，所以需要将墨子的理论与我的技术相结合，把更多的精力转到民用发明上去，造福百姓。

记者： 接受一个比您小 20 岁的青年的观点，您的心胸也很宽广啊！非常感谢您接受采访，也希望您如愿做出更多便民利民的发明出来！（撰稿时间：公元前 450 年）

每个人都需要一个闹钟

本期《好奇心时报》迎来了柏拉图学园的创造者——柏拉图先生的投稿，他想要为大家介绍一个神奇小发明，这一发明帮助了学园中的无数学生，使他们能够准时上课。读者朋友们是否对此感到好奇呢？

大家好，我是柏拉图。众所周知，我在我所创立的学园里教书。说教书可能显得有些傲慢，"组织研讨"更贴切些。但我遗憾地发现，每一次研讨会都有学生迟到。他们也不是故意的，只是到了上课时间还在睡觉。有什么办法能够把他们从睡梦中叫醒呢？我陷入了思考。

有一天，我看见了古代的水钟，这是一种简单的计时器，但是这让我有了灵感！我改良了水钟，然后发明出一种能够唤醒学生的"闹钟"。我设置了一个容器，打开开关，水会逐渐灌满这个容器。容器中间有一根很细的管子，当水位上升到管口的位置时，管子就会变成虹吸管（你可以将它理解为可以把水瞬间吸走的装置）。一旦水开始流进管子里，水就会迅速被吸走，然后顺着管子流到下面的容器里，这时水流会把容器里的空气挤出去。哦，对了，下面的容器只有几个小孔，比较封闭，所以空气被挤出去的时候，就会发出像吹哨子一样的声音。通过这种方式，我就能在固定的时间把学生们"叫醒"。

但我的"闹钟"也有一些弊端，最显而易见的——它依靠水来工作。夏天天气热，水蒸发得快，发出声音的时间就会有延迟。而冬天天气冷，水被冻住，整个装置就完全没法工作了。而且这个装置体型较大，我也没法要求学生们人手一个。如果有聪明人能把它改得再小点儿，也不用水驱动就好了。

不知道贵报的读者里有没有这样擅长发明的人才呢？非常希望能和大家针对"闹钟"展开交流。

（撰稿时间：公元前 385 年）

制鞋匠人缘何求购孙膑像

近日，本报记者到达了一座以制鞋闻名全国的城市，街边四处可见售卖孙膑像的摊位，不同摊位的孙膑像特点各不相同。有的使用名贵木材雕刻，雕刻出孙膑坐在轮椅上，穿着一双高至膝盖的靴子；也有的是泥塑，孙膑腿上的靴子创造性地采用兽皮制作，围在泥上；更有质感高级的陨铁雕像，眼睛和胡须处以金泥点缀，价格不菲。这里的人为何如此崇敬孙膑？背后的真相令人感慨。

记者在街头采访到一位雕刻孙膑像的老人，想知道这里为何孙膑像如此风靡，老人说话颇有哲理。"有人买才有人卖，有需求才有消费，这你问我没用，得去问消费者。"这时，一个学徒打扮的年轻人来买雕像，只见他精挑细选，反复比对，不放过一点瑕疵。"不就是一个雕像吗？"记者忍不住抒发内心困惑。小学徒面露鄙夷，记者顺势亮明身份，想要代表《好奇心时报》对他进行采访。

"不愧是《好奇心时报》！果然充满好奇心！"小学徒对记者的工作单位赞叹有加，并向记者引荐了他的鞋匠师父。从鞋匠师父那里，记者终于弄清了鞋城的特殊之处。

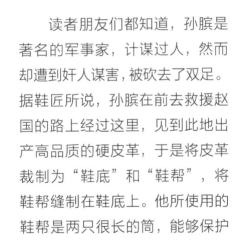

读者朋友们都知道，孙膑是著名的军事家，计谋过人，然而却遭到奸人谋害，被砍去了双足。据鞋匠所说，孙膑在前去救援赵国的路上经过这里，见到此地出产高品质的硬皮革，于是将皮革裁制为"鞋底"和"鞋帮"，将鞋帮缝制在鞋底上。他所使用的鞋帮是两只很长的筒，能够保护双腿。依靠这种硬皮革做成的靴子，孙膑能够站立并行走，一定程度上找回了他身为军队统帅的尊严。孙膑把制作靴子的方法教给了这里的百姓，希望他们能够把这门技术传出去、传下去。从此这里的鞋匠纷纷在家中请上一尊孙膑像，表达对祖师爷的敬重。

（撰稿时间：公元前 312 年）

孙膑像之谜就此解开。对于百姓来说，孙膑发明创造的才能比军事才能重要得多。记者不禁思考，若不是生逢乱世，孙膑或许能够成为一位伟大的发明家。乱世还会持续多久尚未可知，希望和平早日到来。

《好奇心时报》的记者

罗马舰队与阿基米德一个人的战争

叙拉古的外城被攻破后，本报记者采访了罗马军队的首领马克卢斯。这位被称为"罗马之剑"的将军在提到阿基米德时仍然心有余悸，尽管阿基米德已在战争中不幸去世。

马克卢斯向记者表示，当时罗马军队兵分两路，从海上和陆上进攻。但是海军在接近叙拉古时看到了惊人的一幕——巨大的起重机吊起舰船然后将它摔到海面上。舰船的碎屑割伤了幸存士兵的脸，也削弱了他们登陆的勇气。而陆军则在叙拉古的城墙下遇到了投石机，这种庞然大物掷出了石头和标枪，砸到士兵们的身上，士兵们只能仓皇逃窜。

罗马共和国的将军马克卢斯受命围攻叙拉古，这是一座沿海城市，也是著名的发明家阿基米德的故乡。面对罗马海军和陆军的强势围攻，阿基米德决定用他的聪明才智帮助家乡御敌。

说到这儿，马克卢斯叹了一口气，向本报记者说道："听说起重机和投石机都是阿基米德的发明，真是了不起的发明啊。我本想生擒阿基米德，让他为罗马效力，可惜……"

据悉，尽管阿基米德的发明暂时抵挡住了罗马军队的脚步，但是罗马军队战力太强，阿基米德最终没能逆转叙拉古外城被攻破的命运，他本人也死在一位愤怒的士兵刀下。进入叙拉古后，马克卢斯还发现了阿基米德发明的螺旋抽水器，能够把低处的水抽到高处并用于灌溉。面对阿基米德的智慧遗迹，马克卢斯扼腕叹息，流下了几滴眼泪。他的悲伤是真是假，记者暂时不能判断。（撰稿时间：公元前 212 年）

事件追踪

勇敢坚定的叙拉古人民并没有获得最终的胜利，似乎是因为狡猾的罗马人收买了叙拉古内部的某个士兵。在他们的里应外合之下，叙拉古终究被攻破，罗马军队闯入内城并展开劫掠。

阿基米德发明的巨型武器——投石机

科技下乡，造福百姓

引言

这是一封感谢信，是农民郑老伯委托一位书生写的。郑老伯在城郊以种田为生，但种田需要耕牛来拉犁，再不济也得靠健壮的小伙子犁地。郑老伯一生未婚，家中只有老父亲和老母亲，前几年郑老伯还能强撑着犁地，现在体力下降，常常来不及在雨后迅速翻地。新上任的搜粟都尉赵过发明了一种器具，为郑老伯解决了这个难题。以下是郑老伯的感谢信。

各位《好奇心时报》的读者，大家好！

我是在城郊种地的郑老伯，一直以来我都有一件烦心事，就是在种地前犁地。你们知道什么是犁地吗？犁地就是把土翻开，把下层肥沃的土翻到上层，盖住杂草，顺便还能弄碎大土块，更有利于庄稼生长。一块没有犁过的地，只能种出矮小纤细的庄稼。但我家里穷，买不起耕地用的牛，这些年种出的庄稼一年比一年质量差，也很难往外卖。原以为这辈子也就这样了，没想到在今年春天，我的种田事业出现了转机。

县令来田间视察，和他一起来的还有一个大官，手里拿着一个小型的犁，看着像个玩具模型。一直以来，耕田用的都是大犁，重达 7.5 公斤，因此需要耕牛的帮助。他把这种小犁递给我，让我尝试一下。我一试，这可轻便多了，效果照样好。大官告诉我，他姓赵，是新上任的掌管农业的官员，以后有什么农耕上的问题都可以来找他。

赵大官还把全村的人召集起来，鼓励大家合作，共同富裕。他向大家推广一种叫作"耦耕"的牛耕方法，需要两头牛和三个人。其中两个人牵着两头牛在前面拉犁，后面一个人扶着犁。这里用的犁不是我刚刚说的小犁，而是长 40 厘米左右、重 9~15 公斤的巨型犁。通过牛和人的换班，能把全村的地都犁了，我们这些老人只需要收拾一些形状不规则的农田边角，照样能在秋天分到粮食。

不夸张地说，赵大官给我们村子带来了新生，过日子都变得更有盼头了。听说赵大官最近在研究一种叫"代田法"的种地方式，希望他能早日来到我们村子推广这种方法，让我们的种地事业更上一层楼！（撰稿时间：公元前 110 年）

神壶显灵？
不，是自动售货机

近日，某神庙中的神壶竟然显灵了！该神壶只需往里投掷一枚硬币，"圣水"便会自动流出来。如今此现象被称为"神迹"，大家纷纷直呼是神灵将"圣水"赐予大家，于是争先恐后地来抢圣水喝。本报记者于昨日来到神庙中一探虚实。

记者刚来到此处，便见到一位拄着拐的老村民将一枚硬币投放到神壶之中，紧接着，神壶中便有"圣水"流了出来。老村民赶忙用杯子接住，然后一饮而尽。

"这就是神灵特意赐予我健康的圣水。"老村民兴奋地说道，"自从我喝了这个水，我感觉腰不酸了，腿不疼了，走路都有劲了！我现在浑身充满了力量！"说完，老村民甚至扔掉了拐杖，来了几个大跳。

然而，经过记者走访却发现，这压根不是神灵"赐予"的"圣水"，而是古罗马著名的发明家希罗所发明的"自动售货机"装置而已。记者几经辗转，终于找到了希罗，听他讲述了"圣水"为何能流出来的原因。

"其实原理很简单，这个装置里有一个杠杆，杠杆一头连着放水的阀门，一头连着一个盘子。当硬币被投进去之后，会掉到盘子里，这样会压下盘子，然后带动杠杆将另一头的阀门打开，这样'圣水'就会流出来。"希罗说着，眉目中洋溢着一番自得。

听到这，老村民重新拄起了拐，步履蹒跚地走了；其他来喝"圣水"的人也都纷纷离开。

尽管"圣水"不是神灵所赐，但是不得不说，希罗只用了一个杠杆原理，就可以发明出如此让人新奇的东西，实在是不可思议。除此之外，据希罗讲述，他还发明了"汽转球"的蒸汽机装置。记者翻阅史实资料，如果没有意外的话，这将是人类第一部蒸汽机。（撰稿时间：48 年）

蔡伦造纸术全国推广，迎来连连好评

摘要

人们使用破布造纸已有一百多年，这种纸一般并不适合作为书写工具，而是作为运送贵重物品时的填充物使用。就在不久前，宫中的尚方令蔡伦宣布自己带领工匠造出了更加适宜书写的纸张。消息一层层传递下去，举国为之沸腾。

"士农工商"里，"士"排在最前头，读书人有机会做官，也更受人尊敬。然而当读书人有一个前提：要有足够的钱买书和书写工具。书店里码着一卷卷竹简和丝帛，上面写满了知识，饱含了古代先贤的智慧。那些出身贫寒的人却只能远远看一眼，付不起高昂的价格。然而，就在不久前，尚方令蔡伦宣布自己改进了造纸术，造出一种新的纸，便于书写而又物美价廉。本报记者断言，这项发明必将改写历史，打破富贵人家对知识的垄断！

根据驿站的使者所说，这种新的纸之所以造价低廉，是因为采用了树皮、破布、渔网等材料。蔡伦带领工匠，把这些旁人眼中的"废料"收集起来，洗干净并浸泡，让原料变软。之后往泡着水的原料里加入石灰浆，石灰浆遇水发热，能够把原料煮烂，使里面的纤维分离出来。过筛后，粗大的纤维被抛弃，剩下的就是纸浆。用编织细密的帘子把纸浆捞起来，滤去水分再晾干，就成了能够用于书写的纸。听说这种纸表面光滑、洁白无瑕，完全能够代替竹简。

大量的读书人都在翘首以盼，希望这种纸能够早日发售。对此记者也十分期待。如果能用纸张代替竹简，本报的重量将大大减轻。（撰稿时间：105 年）

简讯 | 121 年

蔡伦在少年时期，曾在掌权人的命令下参与诬陷汉安帝的父亲和祖母。汉安帝获得实权后，蔡伦自知性命不保，于是沐浴全身，换上整洁的衣冠后服毒自尽。

正式开展

地动仪展览

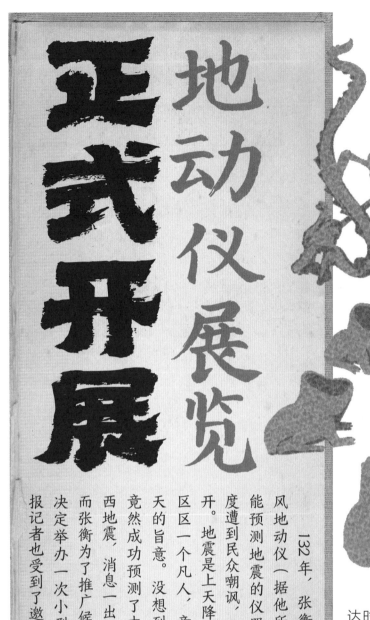

132年，张衡在发明候风地动仪（据他所说是一种能够预测地震的仪器）后，一度遭到民众嘲讽，说他异想天开。地震是上天降下的惩罚，区区一个凡人，竟敢揣测上天的旨意。没想到这种仪器竟然成功预测了本次甘肃陇西地震，消息一出全国震惊。而张衡为了推广候风地动仪，决定举办一次小型展览，本报记者也受到了邀请。

据悉，张衡在132年制造出候风地动仪（下文我们将其简称为"地动仪"）后，并没有掀起什么水花。一直到今年，不久前的一天，地动仪中的一颗铜球掉了下来，数天后，铜球所指的方向——陇西地区传来了地震的消息，地动仪的神奇之处才为人所知。在众人的好奇心驱使下，同时也为了推广他的发明，张衡决定举办一次小型展览。本次展览在张衡的工作坊里举办，本报记者也受到了邀请。

展览中，最引人注目的就是地动仪。记者到达时，地动仪周围已经围满了人，而张衡站在人群中间对地动仪的构造进行了讲解。据了解，地动仪的内径长达八尺，外表看起来像一口大蒸锅，中间有一根柱子，能够向八方摆动。地动仪外部一圈被八条龙分为八份，每条龙都正对着一个方位，也就是八方——有一个成语"四面八方"，八方指的是正北、东北、正东、东南、正南、西南、正西、西北八个方向。而八条龙的下方是八只张着大嘴的蛤蟆，这些龙和蛤蟆并不是简简单单的装饰，而是暗藏玄机。原来，龙的口中衔有铜球，一旦某个方位将要发生地震，铜球就会从代表这个方位的龙口中滑出，落入蛤蟆的嘴里，而其他的龙则不会发出异动。这次陇西地震时，就是指向陇西方向的龙吐出了铜球。

在听完讲解后，许多人都希望知道地动仪的工作原理，大家对为什么对应方向的龙能吐出铜球这件事感到好奇，甚至有传言说地动仪对陇西地震的预知只是巧合。为此，张衡也欣然地向大家展示了地动仪的建造图纸，遗憾的是在场者无人能看懂。

除了地动仪，本次展览中，张衡还为来访者展出了浑天仪、自飞鸟和指南车。这些都是他潜心研究出的发明，摆放在小小的工作坊里，让众人为之赞叹。

看完展览后，记者对张衡也有了更加全面的了解：作为文学家，张衡有《二京赋》和《归田赋》等名篇；作为发明家，他熟知天文地理，发明了许多推动科学研究的工具和装置。那么是什么让他成为贯通文理的一代大家？张衡在采访中表示，唯有保持对待世界的好奇心，才能够开阔视野、尽情发明创造。（撰稿时间：134 年）

简讯

136 年

张衡外调至河间郡，自此离开了政治中心。这些年来他两次出任太史令，负责记录历史，管理经史典籍、天文历法和祭祀。张衡因难以升迁而遭到同僚的嘲笑，本次外调听说也是因为遭到了宦官的排挤。一直以来，本报记者对张衡的才华和品格都十分敬重，在此祝福他一路平安，顺利到岗。

龙骨水车，马钧送给广大农民的灌溉神器。

张衡之后的 天才发明家

张衡的指南车在战争中被毁，但机械制造的技巧却并未断绝。曹魏人马钧以其高超的智慧成功复原了指南车。但当本报记者想要深入了解马钧时，却遭到了某种隐秘的阻力……

马钧是曹魏人，年少时不思进取，后来在魏国担任给事中。他喜爱钻研各种事物的原理，也发明出了很多造福百姓的工具。

他的目光首先聚焦在一种叫作提花机的机器上。提花机是用来织花布的，每一个脚踏板对应一股丝线。对于纺织者来说，花纹越复杂，用到的色线就越多，对控制脚踏板的要求就越高。这也就意味着，纺织花布是一个门槛很高的工作，许多纺织者不足以胜任。马钧了解到这个情况，决定出手解决这一难题！经他改造过的织机，纺织效率能够提升四五倍，大家也不再手忙脚乱。

接下来，马钧又发明了一种提水的器具，因其主体部分像一根脊骨而得名龙骨水车。这种水车用起来不费劲儿，能够连续不断地把水提起来。奇怪的是，当记者来到使用龙骨水车的村落采访时，村民们却躲躲闪闪，对此缄口不言。明明都在使用这种水车，是直接的受益人，却不愿意对马钧表示感激，实在是令人困惑。

相比造福百姓的愿望，指南车的发明则是被"激"出来的。朝堂之上，散骑常侍高堂隆和骁骑将军秦朗都认为世上没有指南车，指南车只是张衡的谎言。这让马钧怒火中烧，张衡是他的偶像，是天下发明家的榜样，他不允许自己的偶像受到污蔑。然而张衡所发明的指南车早在战争中被毁，马钧必须独立展开研究。

记者向马钧飞鸽传书，希望能够得知指南车的"指南"原理，但马钧拒绝透露。马钧的指南车和指南针的制造原理迥然不同。

指南针是利用了小针的磁性和地球本身的磁性，指南车上则没有磁性材料的痕迹。根据推测，马钧的指南车采用了差速齿轮原理，当指南车转向时，通过齿轮之间的制衡让车上的小人始终面朝一个方向。

马钧向皇帝呈上指南车，有力地反驳了高堂隆和秦朗，皇帝也大喜过望，称赞马钧是天才发明家，并指派给他一项新任务：让自己的百戏塑像动起来。

截止到本篇文章发出前，马钧还在执行皇帝安排的新任务。

（撰稿时间：242 年）

读者来信

《好奇心时报》的记者，你好！

上次你来到我们村子采访时，虽然我们一直在使用龙骨水车，却不敢对它的发明者表示感谢，实不相瞒，这是因为我们遭到了威胁。龙骨水车改变了村民们的取水方式，让取水更加轻松便捷，实在是利国利民的好东西。上次拒绝了你的采访，我深感后悔，故而寄信致歉。

木牛流马立大功

摘要

两年前，蜀国丞相诸葛亮去世，如今后主刘禅下令为其修建祠堂，众人听闻此消息纷纷表示感慨。

众所周知，诸葛亮是蜀国的大功臣，曾带兵五次北伐。但是，他的军事才能掩盖了他发明家的身份。本报借此机会，将更全面的诸葛亮形象向读者呈现。

227 年的春天，诸葛亮上书《出师表》，向后主刘禅托付了一切，并决心带兵北伐，想要完成昭烈皇帝刘备未竟的事业。他不认为自己能够成功，甚至不认为自己一定回得来，于是言辞恳切地为刘禅留下了治国理政的思路。丞相拳拳之心天地可鉴，于是后主刘禅下诏，命令诸葛亮带兵出征。

一年后，同样是春天，第一次北伐开始。木牛与流马载着粮草去往北方，每辆车能够负载 200 公斤粮食。"木牛"和"流马"并非两种车，而是运输工具的两个模块。木牛形似单轮板车，四条腿和车体以轴连接，因此腿之间的距离能够更改，调节到适当距离，可以让木牛停在不同坡度的坡地上。流马则是装粮食的箱子，放在木牛上，箱子上有孔，用来让绳子穿过去，流马就能绑在木牛上。为了更好地固定粮食，箱中有一张纵向的隔板，减小了粮食的晃动幅度。一个士兵只要掌握了木牛流马的操作技巧，就能每天带着超过 200 公斤的粮食行进

20 里路，大大方便了行军，间接帮助蜀汉在北伐中占据上风。

这种木牛流马就是诸葛亮发明的。除此之外，他还发明了一种轻便易使用的弩，人们称之为"诸葛连弩"。有了诸葛连弩，老弱妇孺也能够保卫自己的财产。他还发明了一种用于传递信号的灯，被称为孔明灯。据本报了解，现在也有人会在灯上写下祝福，放飞到空中，祈求上天能够看到。

但是诸葛亮没能看见天上用来祈福的孔明灯，五次北伐后，或许是积劳成疾，诸葛亮于五丈原病逝。武侯已逝，蜀国的心气一朝跌落，渐渐不再提及北伐，绵延数年的战争以失败告终。而木牛流马的制造方法也没有流传下来，天才的发明没有遇到伯乐。"牛"与"马"究竟是描述了这种运输工具的形状，还是更偏向于功能，没有人知道答案。然而，本报相信，人们已经记住了诸葛亮的贡献，也永远记住了他的发明。（撰稿时间：236 年）

我可不只会画圆

摘要 祖冲之是著名的数学家、天文学家，目前正在娄县担任县令。近日，本报收到祖冲之的一封投稿，但内容却并非数学或天文原理，而是和一种农具有关。

全国的读者朋友们好！我是祖冲之，在娄县县衙上班。我想向大家介绍一件我发明的农具，名字叫作水碓磨。请大家给我一炷香的时间，不要合上报纸，听我介绍一下这件农具。

担任县令期间，我观察到农民在秋天收割水稻，而后把水稻的外壳去掉，剩下的部分才是可食用的，称之为"米"。去壳的方法是用石杵和石磨把稻谷皮磨掉，但石杵石磨沉重，拉磨耗时耗力，令农民苦不堪言。作为县令，我有必要解决这个问题！于是我决定开动脑筋，制造一种更省力的磨。

说是省力，其实省的是人力。在许多发明家前辈的故事里，我意识到"力"本身没办法"省"，区别在于谁出了力。张衡的浑天仪以水驱动，马钧的"水转百戏"也利用了水，那么石磨可不可以也由水来推动呢？问题在于，捶打稻谷的力是竖着的，人推动石磨的力是横着的，两种力不在同一条线上。而水从上方落到下方是竖着的，只能顾及捶打稻谷。如何改变力的方向，把水下落的力量转化成横向的呢？我昼夜研究，终于用两个齿轮解决了问题。

我召集工匠制作出这件农具，将其推广给娄县的村民，取得了很好的效果。这样好的工具我怎能私藏？于是我前来投稿，希望把它介绍给全国的农民朋友们。人们知道我祖冲之，一般都是听说过我在数学上的造诣；其实很多人不了解，数学是制造物件的基础，一个优秀的数学家很容易就能成为优秀的发明家。当然，我不是说自己是优秀的发明家……

总之，希望大家听了我的介绍，都能去试试这件给稻谷脱粒的新工具，一定不会让你失望的！（撰稿时间：464 年）

简讯

唐朝中期，知名炼丹师清虚子对孙思邈留下的"伏火矾法"药方进行了"改进"。

孙思邈的方子是取硫黄、硝石各二两，一同研磨，再加上三个已经烧黑的皂角一起烧。这种方法能够去掉硫黄和硝石内部的"火性"，让它们不再易燃易爆。而清虚子独创一种方法，就是用马兜铃代替方子里的皂角。他信心满满，展开实践。只听一声巨响，清虚子的炼丹房炸开了。

这种创新精神值得学习，但还是要注意人身安全。

活字印刷与雕版印刷之争

摘要

活字印刷是一种在泥块上雕刻单个字，而后把单个字排列成文章，再印到纸上的印刷方式。毕昇发明活字印刷术后，前来问询的商人很多，却很少有人真正采纳这项技术。大部分书商依然使用雕版印刷术，委托工人在木板上雕刻出整页书，而后印刷。究竟是书商们故步自封，不愿尝试新事物，还是活字印刷术存在着某些弊端？针对这一问题，本报记者分别采访了几位从业者和消费者。

制版工人

我不懂什么成本、印刷、售卖，单说制版这一步。对于我来说，整版雕刻反而更简单，我做这行已经三十多年了，四书五经都雕了不少。给我一块木板，好多书我闭着眼都能一字不差地雕出来。但活字印刷对我来说就有点困难，几万个汉字我有一多半不认识，从来没见过，根本没办法在短时间内雕刻得一模一样。所以我还是支持雕版印刷，毕竟我还想保住饭碗。

书商王老板

看书的人是很少的，我是书商，我最清楚。究竟是什么人在看书？人中龙凤才看书呀。看的什么书，都是圣贤书。圣贤书流传千年，中间才改过几个字？内容都已经固定下来了。我的木制版都是现成的，一批书卖完我就再印一批，何必要费时费力去搞什么"活字印刷"呢？

活字印刷雕刻工人

不愿意学习新技术，只能被社会淘汰！而像我这种雕刻世家出身、有雕刻基础的人，在泥块上刻字简直是小菜一碟。活字印刷术发明以来，我的工作量翻了几番，连买房子的钱都快攒够了！

书生甲

我支持推广活字印刷术！我也想看一些新书，譬如今时今日的人写的传奇故事，或者最新的哲学观点。大家并不是没有阅读新书的需求，只是因为要找工匠刻版，书的印量越少价格就越贵，好多读书人根本买不起。如果使用活字印刷，就能省去雕版的费用。希望能有慈善家雇人雕刻出一整套活字，其他出版商只需要租来用就好了。

《好奇心时报》的记者

对于报社来说，推行活字印刷可是大有好处。报纸的内容时效性很强，每次都要雇用工人整版雕刻，耗资巨大，错一个字就要重来，工人的精神高度紧张。如果有一套泥做的字块，工人就可以通过排列字块的方式，把报纸上的内容排出来，从而节约体力和时间。

结尾

对待雕版印刷和活字印刷，不同职业的人提供了不同的观点。大家都希望自己能够获得更多利益，没有哪一个观点是绝对的"正确"或者"错误"。历史会选择更适合社会发展的印刷术，让我们拭目以待。

（撰稿时间：1045年）

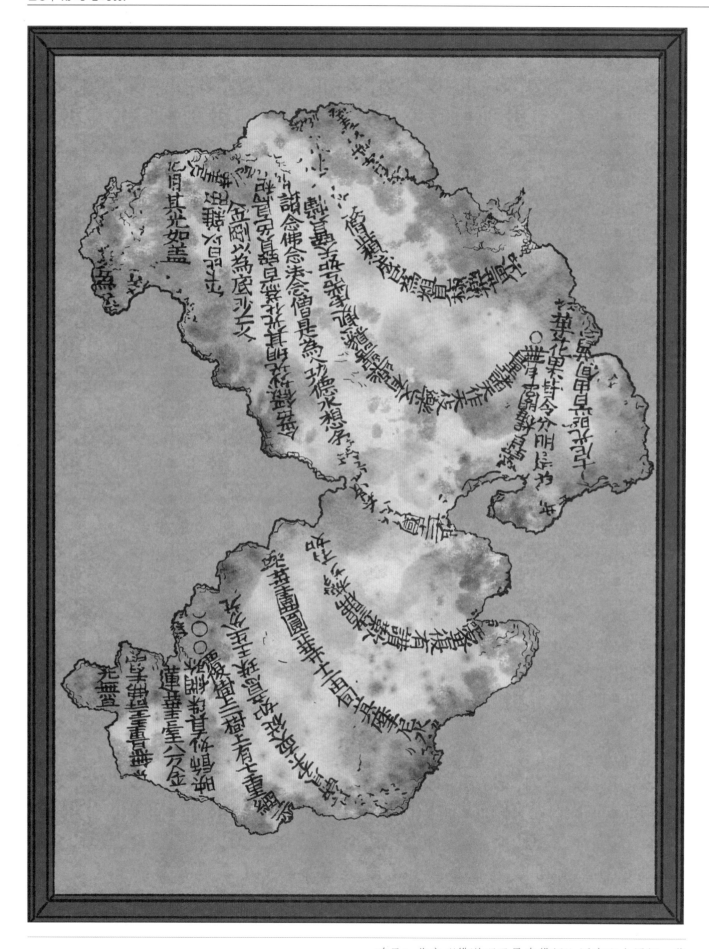

火枪队出击，
贼寇李横落荒而逃

摘要

今年六月，贼寇李横率军攻打德安府。德安府、复州、汉阳军镇抚使陈规带兵全力守城，被石弹砸伤脚趾也面不改色。在坚持了七十余天后，陈规派兵用火枪烧掉了李横攻城用的木架，并用火牛攻击敌人，终于获得胜利。

李横原本是襄阳府郢州的镇抚使，领着朝廷发的俸禄，却生出叛乱之心。如今，他前来攻打德安府，用的攻城手段颇多，例如用投石车向城楼投掷石弹，填埋城墙周围的护城壕，在填埋后的位置架设木制天桥。七十余天后，陈规和德安府的百姓似乎仍有余力应对，李横却已沉不住气。他派人向陈规传信，如若陈规交出城中的妓女，他便退兵。

当时，本报记者正在采访陈规。据悉，陈规组建了一支火枪队，而百姓却从未见到这支队伍的踪影，因此记者特来探明一二。然而，采访还没结束，李横的要求就传了过来，陈规听罢，冷哼一声："李横绝非诚信之人，不能答应他的要求！"说罢，他便大步走了出去。记者紧随其后，只见陈规率领了一队约有六十人的小队朝着城西门走去，他们身背竹竿状的奇怪兵器，记者询问后才得知，那就是"火枪"。

刚到西门，就听见外面传来一声巨响，原来是西门外的壕沟没有填实，导致李横架好的天桥塌下来。这或许是上天给的机会，陈规立刻率领火枪队从西门冲出，以竹竿制的火枪喷射火焰，将天桥烧毁。片刻后，一队火牛也冲了出来，它们角上绑着利刃，尾部有引燃物。士兵利用火枪将牛尾的引燃物点燃，火牛朝敌兵冲去。西门外只留下了敌军的惨叫声，李横一看，立刻招呼大军离去。

火枪队回城后，受到百姓的热烈欢迎。这支传说中的队伍终于发挥了威力。据士兵所言，竹竿内部装有火药，点燃后就能让火焰从竹管口喷出，灼烧敌人。这种火枪是陈规发明的，但他不愿多谈，似乎对火枪的效用仍不满意。（撰稿时间：1132 年）

走失少女
如何成为纺织之神：
黄道婆的一生

摘要

黄道婆是著名的棉纺织家，凭借一己之力振兴了松江的纺织业。这位勤恳、善良、聪明的女性给无数纺织女工树立了榜样。她并没有发明创造的主观意愿，却因改良纺织技术而成为伟大的发明家。

大家都知道，海南是海上丝绸之路的节点之一，许多外来的农作物都在海南扎根，里面就包括撑起了半个纺织业的棉花。所以海南地区没有人养蚕缫丝，都是用棉花来织布。然而，那时棉花才刚刚传到松江的乌泥泾，种植和纺织棉花的技术均不发达。许多年后，少时流落海南的黄道婆如同从天而降的神仙，在返回故土后，带着先进的技术征服了乌泥泾的一众村民。

棉花变成布需要经过许多工序，从种棉花开始，经历了摘棉花、晒棉花、脱棉籽、弹棉花、把棉絮纺成线，再将棉线织成布。对于棉花来说，真是一个漫长的旅程！黄道婆主要改良了这个过程中的三种工具：踏车、弓和纺车。

黄道婆回乡之前，村民们只能徒手剥棉籽，效率非常低。而黄道婆改良的踏车里面有两个轴，分别为铁制和木制，只需要把棉籽倒到两轴之间的缝隙里，再利用脚踏让轴转动起来，棉籽就会被两个轴挤压出来。这就让诸多纺织工人免去了手剥棉籽之苦，也提高了工作效率。

除了要剥棉籽，为了让棉花更加松软、更易于纺织，村民们还需要弹棉花。弹棉花的主要工具是弓和弦，用手指借助弓的力量把弦弹到棉花上，发出"嘭"的声音。黄道婆回到江南地区后，为大家展示一把大弓，弓弦也由细线改为粗绳，再拿出一根巨大的棒槌敲打弓弦，一次就能弹更多棉花，还能够保护手指不被割伤。黄道婆虽然是女性，却能够挥舞棒槌大弹棉花，她的勇猛也激励了乌泥泾的纺织工人。

还有一项重大发明是纺车。棉花经历千辛万苦，终于来到了纺织这一步。纺织其实分为两部分：纺纱和织布。当时的纺纱设备是单锭手摇车，"锭"是纺纱车的主要部件，能够把棉花纤维捻成纱，再绕到滚筒上。黄道婆再次出示她的发明——三锭脚踏纺车！以一敌三，三管齐下，将纺纱效率提升为之前的三倍。

就这样，乌泥泾的棉纺织业迅速振兴。在采访乌泥泾的村民时，本报记者也发现，黄道婆在他们口中得到了更多神乎其神的修饰，让她听起来仿佛天神下凡。如今了解了黄道婆的多项发明创造，还有村民借助她的发明所创造的财富，记者更是心悦诚服。谁为老百姓带来了更好的生活，谁的形象就像神明一样光辉灿烂，这是最朴素的价值观。（撰稿时间：1332 年）

荷兰的一位眼镜商人在家中发明了一种能够"看得更远"的工具。他发现透过两个叠加的镜片向外看，远处的景物会被拉近。通过谨慎地选择镜片，并对两枚镜片距离细心调试，他终于找到了能够"看得更远"的最好方法。

发现新宇宙！

著名的科学家伽利略宣称自己发现了月球和木星的奥秘，本报立刻派出记者前去采访。借由伽利略的望远镜，我们抢先看到了宇宙的更多细节：凹凸不平的月球表面令人惊愕，木星周围飞旋的四颗卫星则让人意识到地球并不是唯一拥有卫星的星球。

自从去年荷兰眼镜商人发明了一种能够"看得更远"的仪器，伽利略的心便蠢蠢欲动。一直以来他对头顶的天空很感兴趣，但人眼的限制使得他难以推进研究。然而如今竟然有人发明了能够"看得更远"的设备，如果把这样的设备指向星空，又会发现怎样的奇景呢？

于是伽利略开始制造属于自己的天文望远镜。他的望远镜同样由一个凸透镜和一个凹透镜作为主要部件。凸透镜能够把来自宇宙的平行光线汇聚到一点上，但在还未完全汇聚时便被后面的凹透镜截住，发散开来，进入人眼，形成一个较大的像。这种望远镜被称为伽利略望远镜，能够把远处的物体放大约三十倍。伽利略也因此开启了自己发现宇宙的新征程！

不过伽利略望远镜亦有弊端，因为所谓的"白光"并不是一种色光，而是七种。这七种不同颜色的光面对同一块透镜，被汇聚的程度是不同的，这就让人眼从望远镜里看到的物体的颜色发生了改变。这也就意味着，伽利略更多地看到了真实的"形状"，而非"色彩"。

人类对宇宙总有好奇，追寻新宇宙的脚步永不停歇！我们期待伽利略能够用新工具探索宇宙的更多细节，揭示更多的宇宙奥秘！也希望有更多的人能够加入对望远镜的研发之中，伽利略会在他的工作室里等你。（撰稿时间：1609 年）

本报记者应邀为伽利略与他的天文望远镜作画。

📹 文字直播

[本报记者] 19:25:16

大家好，欢迎收看本报直播！此刻的天空阴云密布，电闪雷鸣，一场暴风雨就要来了！然而，就在此刻，富兰克林先生却决定做一个伟大的实验，那就是用放风筝的形式收集雷电！此刻他和他的儿子威廉正在做最后的准备工作！

主播 富兰克林 19:28:10

我今天一定要证明天上的雷电与人工摩擦产生的电是一样的！请大家期待我今天的实验成果吧！

[本报记者] 19:31:23

富兰克林先生和威廉带着上面装有一个金属杆的风筝来到了一个空旷地带。富兰克林先生高举起风筝，威廉则拉着风筝线快跑！风太大了，风筝顺利地被刮上了高空。暴风雨来了！此刻富兰克林先生和威廉一起拉着风筝线，看起来两个人都在焦急地期待着。

[本报记者] 19:32:48

瞧，那是什么！一道闪电从风筝上掠过！富兰克林先生的手好像触电了！

主播 富兰克林 19:33:01

我被电击了！成功了！成功了！我捉住"雷电"了！

[本报记者] 19:34:27

富兰克林先生将风筝上的电引入莱顿瓶中，接下来，他要证明天上的雷电与人工摩擦产生的电是一样的。

[本报记者] 19:42:38

大家好，经过漫长的等待，富兰克林先生得出了结论！

主播 富兰克林 19:42:53

感谢大家的等待，现在公布我的实验结果：没错，天上的电和人间的电是一种东西，我的实验成功了！

[本报记者] 19:42:38

感谢大家的观看，同时也感谢富兰克林先生和威廉敢于为科学而奉献的精神！本期直播就到这里，我们下期再见！

💬 弹幕聊天

直播时间：1752 年 6 月

[电光火石] 进入了直播间

[富兰克林小迷弟] 进入了直播间

电光火石: 哇，真的能成功吗？太期待了！

富兰克林小迷弟: 富兰克林先生，请您注意安全啊！🫥

电光火石 送  ×1

骑猪追太阳: 如果今天您的实验能成功，我就改名"骑猪追雷电"！

富兰克林小迷弟: 能看直播太棒了！感谢《好奇心时报》；而您，富兰克林先生，您才是真正的英雄！😭😭

电光火石: 受不了了，太刺激了！

骑猪追雷电: 大家好，以后我不追太阳了！我要追雷电了！😎

富兰克林小迷弟 送 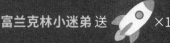 ×1

富兰克林小迷弟: 太牛了！

电光火石: 👏👏👏

骑猪追雷电: 🙌🙌🙌

发送

木马轮：未来人们交通的新答案！

你是否在路上被路过的马车溅上一身水？是否经常因此弄脏自己的衣服？近日，本报收到一则投稿信，来自一名普通市民，他在信中抱怨了这件事，为此他发明了一种新的交通工具。

您好，我是一名普通的市民，我的名字叫西夫拉克。我来信是想反映一下，咱们市区的路面实在是太窄了！尤其是一到下雨天，当地面有很多积水的时候，行人走在路上很容易被路过的马车溅上一身水！昨天我就是这样，把一身新买的衣服弄脏了！我相信，这个问题也一定困扰着很多人，窄窄的马路和宽宽的马车，真的给我们带来了很多的苦恼。

不过针对这个问题，我想到了一种很不错的解决办法。我认为，路面的宽窄不容易改变，不过我们倒是可以改变马车的宽度。现在的马车都是四轮的，占地面积比较大，但是如果改成两轮的，这样不但节省了一半的面积，而且我相信驾驶它也会更加轻便，即使路过水坑，也不会溅起很多的积水了！

为此，我发明了这款"木马轮"小车，它只有前后两个木轮子，中间连接着一根横梁。你们看，这样空间是不是就小很多了？而且它的操作极为容易，只需要骑车人双脚用力蹬地即可。不过，这也是它的问题所在——这样骑车非常累。不仅如此，这辆车目前还不能像马车一样到处转向，它只能直行，这也是我目前正在面临的一个大问题。

最后，如果有朋友对我的发明感兴趣，可以通过《好奇心时报》联系我，希望我们可以一起将"木马轮"改进得更加完善。我坚信，它一定会成为未来人们出行的重要交通工具！（撰稿时间：1791 年）

简讯

1867 年，在巴黎博览会上，两轮车第一次以"自行车"的名字出现在大众视野里。

1825 年 9 月，乔治·斯蒂芬森终于驾驶上了他的"旅行者号"蒸汽机车！

发送成功

祝贺！

本报记者获悉，1844 年 5 月 24 日，人类有史以来第一份长途电报在华盛顿国会大厦联邦最高法院会议厅发送成功！经过十余年的努力，摩尔斯终于完成了所有关于电报的发明。今天，在众人的关注下，摩尔斯发出了人类历史上第一份长途电报。

今天，1844 年 5 月 24 日，华盛顿国会大厦联邦最高法院会议厅座无虚席。在所有人的注视下，塞缪尔·摩尔斯用颤抖不已的手敲出了一句话并将其发送到了 40 英里之外的巴尔的摩。就这样，人类有史以来第一份长途电报，发送成功！

众所周知，长久以来地区之间信息传递的最传统的方式就是寄信。可是寄信的时效性很差，在收信方收到信件的时候，很有可能已经错过了时间。所以，很多科学家想要研究出一种能快速传递信息的方式。据本报记者所知，在本世纪初就已经有了关于"用电去传递信息"的讨论，而塞缪尔·摩尔斯也致力于此。

据记者了解，出生于 1791 年的摩尔斯于 1832 年才开始致力于研究电报，在采访中，摩尔斯也向记者表示："我的家人原本是想要把我培养成艺术家的，事实上，在开始研究电报之前，我也算一个小有成就的画家。但是，杰克逊让我对用电线传递信息这件事产生了兴趣。"

摩尔斯提到的杰克逊（查尔斯·托马斯·杰克逊）是一位电磁学家和发明家，据记者所知，在和杰克逊聊天，并亲身目睹了杰克逊的电磁试验后，摩尔斯似乎发现了他真正感兴趣的方向。就这样，人到中年的摩尔斯转变了专攻方向，开始了他的电报发明之旅。但是，没有一项发明是可以迅速成功的。为了发明电报，摩尔斯研究了各种理论，他的生活一度陷入困苦中；为了进行研究，他甚至需要到处去筹措资金。在几经辗转后，摩尔斯终于在 1837 年制造出他的第一台电报机。

"这台电报机的效果并不理想，它的有效工作距离只有 500 米，"摩尔斯在聊到这台电报机时，有些无奈地笑着说，"如果我们相隔 500 米，直接走过去说一声就可以了，还需要什么电报机呢？"

尽管记者认为 500 米也不算短距离了，但是摩尔斯依旧不满意，他对这台电报机进行了一步又一步的改良。然而，电报机改良后，他又陷入了一个难题——

他没有办法架设出更远的电线。几经辗转后，摩尔斯将目光投向了军事领域，他带着他的样机，以这台机器便于在战地及时地传递信息等为理由，说服了政府投资他进行研究。1842 年，摩尔斯得到了 3 万美元的拨款，用于建设华盛顿到巴尔的摩之间的电报线路。而今天，这条电报线路顺利地把信息从华盛顿传递到了巴尔的摩。

信息发送成功后，所有人都激动不已，摩尔斯本人甚至已经激动到落泪。在谈及他所发出的电报内容时，摩尔斯看着记者，眼神坚定地说出了一句话："上帝创造了何等的奇迹！"

这是《圣经》里的一句话，也是摩尔斯从华盛顿发送到巴尔的摩的一句话。记者相信，摩尔斯创造的这个奇迹将会恒久地影响这个世界，而未来，也会有无数个奇迹诞生。本报再次祝贺摩尔斯，祝贺世界，人类第一份长途电报发送成功！（撰稿时间：1844 年）

一款武器代替整队士兵

近日，一款超级武器——加特林机枪横空出世，震惊了世界，被广泛应用于战争之中。然而，它的发明者加特林先生，本意却是希望这款武器可以减少伤亡。昨日，本报记者特约采访了加特林，了解了更多加特林机枪背后的故事。

记者在医院见到了正在医治病人的加特林，谈及他的发明如今被广泛应用在战场上，他颇为愤慨，"想不通啊，想不通，怎么现在伤亡越来越多了！"

原来，加特林发明这款超级武器的初衷，是为了减少战场上的伤亡。他向记者表示，如今美国南北正在打仗，但是士兵们还在使用非常愚蠢、非常滑稽的战术。"现在比拼的根本就不是武器实力，而是人数！士兵们不是拿着武器冲锋，而是要站成一排，一直往前走。直到离对方只有 100 米时才能开火，这实在是太蠢了！那么多人上战场，却死在了这种战术里面！"

加特林的讲述，记者也有所耳闻。然而，大众只能对其进行一番抱怨，并不能真的改变这种战术。然而，加特林成为那个往前再走一步的人。他表示，如果有一种可以连发的枪械，哪怕士兵很少，也可以上战场。这样，上战场的人数少了，伤亡自然也就少了。

经过不断尝试，加特林终于发明出了一款可以连发的机枪，并以他的名字命名。成功后的他非常开心，以为终于可以减少伤亡，可不料各国之间却因为加特林机枪强力的攻击效果而打得更加起劲，死的人更多了。

"造孽啊！如果我知道有了这款武器，人们会更加热衷于作战，那我绝不会发明它的！"加特林斩钉截铁地说道。

本报也在这里衷心呼吁大家能爱惜和平，世界能和谐有序地发展，但愿加特林所发明的机枪也永远都不会再派上用场！（撰稿时间：1861 年）

遗憾的是，
政治家并不喜欢

一位 22 岁的年轻人发明了一个叫作"电子投票计数器"的小机器，适合在各种选举场景中使用。只要参与投票的人按下"同意"按钮，就代表投出一票，这一票也会被立刻记录下来。然而这项发明却在推广使用上遇到了困难。

这位年轻的发明家名叫爱迪生，本报记者在他的同事那里了解到了一些关于他的信息。22 岁的爱迪生是一位尽职尽责的电报员，尽管他在儿童时期遭遇了不幸，导致听力受到损伤，但是他一直对事物充满好奇，爱好阅读和实验。他的同事表示，这样的习惯让爱迪生一直保持着创造力，他制作了许多小发明，但是最值得申请专利的还是一种叫作"电子投票计数器"的小机器。爱迪生的同事对这一发明非常看好，"什么地方最需要投票呢？一定是美国国会！因为国会常常举行选举会议。所以我购买了爱迪生的这一项专利，我想，我一定能因此大赚一笔！"

但是当他将电子投票计数器展示给国会议员时，政客们却对此表示不感兴趣。"我们可从没见过这样没用的发明。"议员私下向记者表示。他认为，传统投票中，人们需要排队把自己的意见扔进不透明的箱子，再由指定人员"唱票"。尽管这种投票耗时长，但其间政客依然能够发言，争取还未投票的观众。可如果换上了这种计数器，选举结果"唰一下"就呈现出来，选民的思考时间和政客的说服时间都减少了，这可能会引起结果的动荡。

总之，爱迪生的第一个有专利的发明并没有得到认可，他的同事也抱怨连连，不知此事是否会打击爱迪生的发明热情。（撰稿时间：1869 年）

事件追踪

爱迪生在一生中取得了两千多项发明专利，被称为"发明大王"，看来青年时的挫折并没有影响他对发明的热爱。坦诚讲，记者对此感到后怕，幸好爱迪生对发明的热爱超过了起初不被认可的挫折感，才能让他坚定地投身于发明创造。尽管没有造成严重后果，但是美国国会也应当对数十年前的古板和轻视进行反思。

电话专利权之争

　　今日，美国专利局正式颁发贝尔先生第一台电话的发明专利，然而现场居然来了三位发明人！三人各执一词，为专利归谁所有的问题争吵起来。难道不是贝尔先生发明了电话？本报记者现场采访了三位当事人，以求还原事实。

记者：请问三位为什么争吵呢?

贝尔： 记者先生，我在 1876 年 2 月 14 日提交了电话发明专利申请，今天专利刚刚被批准下来，我就是来这里领取我的专利证书的。可是这两个陌生人却对我纠缠不休，还说我的电话是抄来的！真是岂有此理！

格雷： 我叫伊莱莎·格雷。我也是电话的发明者，还是和贝尔先生同时申请的专利呢！凭什么只把专利发给他？我不服气！

记者：但从专利局提供的资料来看，格雷先生您和贝尔先生并不是同时提交的专利申请。您比贝尔先生的申请晚了两个小时呢。

格雷： 晚了两个小时？可……就算是晚了吧，那部电话也是我自己独立研究的，但贝尔先生的电话可就不一定了。据我所知，他有抄袭梅乌奇先生的嫌疑。

贝尔： 您有什么证据？！

记者：二位请安静，我想请问一直沉默的梅乌奇先生，您是何时发明电话的呢?

梅乌奇： 1855 年的时候，为看护卧病在床的妻子，我发明了"远距离传话筒"，它当时已经具备基础的电话功能了。1860 年，这个宝贝还登上了纽约的意大利语报纸呢。从功能上讲，它确实比贝尔电话早了十多年。

记者：既然您十多年前就已经发明了电话，为何没有申请专利呢?

梅乌奇： 唉！专利申请的费用实在高昂。

贝尔： 不就是 250 美元吗？即使交不起，也可以申请每年交付 10 美元的专利保护费啊！

梅乌奇： 长时间的研究耗尽了我的积蓄，生活又屡遭挫折。为了生存，我的妻子把宝贝发明也卖了！却只卖了 6 美元！可能对贝尔先生来说，10 美元的专利保护费不算什么，但是我交到第三年就撑不下去了！

记者：梅乌奇先生，没想到您在这种条件下依然坚持研究！我对此深表敬意！对于梅乌奇先生的发言，您二位有什么想说的吗?

格雷： 我认为这充分表明，梅乌奇先生才是发明电话的第一人！

梅乌奇： 我确实需要这种认可，感谢您，格雷先生。

贝尔： 嗯，毕竟科技发展从来都不是一人之力。或许是梅乌奇先生首先发明了电话吧，但电话专利确实是归我所有。

记者：看来专利并不等于发明啊！我认为各位关于专利所属权的纠纷只能去法庭解决，但是给予各位发明者以社会关注则是本报的责任。本报将刊登三位各自发明电话的经历，提供给读者更全面的历史视角。

格雷： 贝尔先生，咱们走着瞧，我一定会坚持维权的！

梅乌奇： 我也认为贝尔先生的话有失偏颇，专利是用来保护发明而不是用来垄断发明的，我认同格雷先生，这件事有必要上诉法院来判决。

贝尔： 那我们就法院见吧！

（撰稿时间：1876 年 3 月 7 日）

赛璐珞：海厄特工厂的秘密武器

"赛璐珞"的出现以及海厄特工厂的开幕，标志着现代塑料工业的诞生。

——本报记者

1872年，海厄特工厂开工，该工厂不但生产台球，还生产可以用作马车和汽车的风挡及电影胶片；而它们所用的材料不是别的，正是海厄特发明的"赛璐珞"。

本报记者第一时间采访海厄特后得知，其实他发明"赛璐珞"就是因为一场"悬赏活动"。原来，台球运动在美国一直很风靡，但是因为台球的制作原料象牙越来越少，所以台球制造公司迫切想要找出一种能替代象牙的材料，他们甚至为此悬赏了一万美元，希望可以有人发明出来。

所谓重赏之下必有勇夫。经过不断尝试，1869年，海厄特利用加入樟脑的硝化纤维发明出的"赛璐珞"成功替代了象牙，成为台球界的新宠儿。不过最初的"赛璐珞"并不是十分完善，它易燃易爆，远没有象牙的稳定性，因此台球公司没有将最初承诺的一万美元奖励给海厄特。不过此时的海厄特却不以为然，因为这时他已成了一个大发明家，他准备用自己的发明获得更多的效益，于是他开设了海厄特工厂。

如今，赛璐珞已经逐步完善，成为一种新兴的材料，而且已经被投入台球制作的批量生产之中。相信在不久的未来，赛璐珞会被更广泛地应用到各个方面，成为人们不可或缺的生活用品。（撰稿时间：1872年）

第一辆"汽车"的诞生

近日,卡尔·本茨发明的"汽车"引起争议。有人说这将是人类交通史上的一次变革,有人却说这只是卡尔·本茨的一件发明失败的展示品。现在看来,第一种说法也许更将为人所信服。

上个月,在曼海姆街上,竟然出现了一个长着三个轮子的"钢铁兽"。它的到来,令众人争相围观。

"钢铁兽"有着和马车一样的轮子,和马车一样的座位,和马车一样的速度,但是却没有拉车的马,只靠人驾驶就能前行!据悉,这就是一直潜心研究发动机的发明家卡尔·本茨的杰作——"汽车"。

街上的人对"汽车"感到十分新奇,纷纷驻足观看。卡尔·本茨在宣称"这将会成为比蒸汽机更伟大的发明"后,发动了"汽车"。可"汽车"刚刚发动,就冒出滚滚黑烟,直接将前排围观的人熏成了"黑人";而它走一步停两下晃三晃,走得比旁边拄拐的老人还要慢,更是让观看的行人都哈哈大笑。见此情形,卡尔·本茨只得推着他的"钢铁兽"灰溜溜地离开了。

昨日,本报记者接到卡尔·本茨夫人贝瑞塔·林格的邀请,再次在她的家里见到了那辆"汽车"。据贝瑞塔·林格透露,如今的"汽车"在卡尔·本茨的多次改进下,基本已经可以正常行驶,可是卡尔·本茨因为之前的失败,已经不敢在公共场合再次驾驶。所以她准备偷偷驾驶这辆车到 100 公里之外的地方,并希望本报为其全程报道。

截至本稿发出前,贝瑞塔·林格已经驾驶"汽车"行驶了 50 公里,这真是伟大的一刻!此时此刻,世界上第一位驾驶员,正驾驶着世界第一辆"汽车",在进行世界上第一次"汽车"旅行。我相信,在不久的未来,汽车一定会代替马车,成为交通工具界的新宠儿!(撰稿时间:1886 年)

药水还是饮料?
记者带你一探究竟

> 各大药房突现神秘药水,口感独特,清爽甜蜜。究竟是药物还是披着药水名字的饮料? 本报记者对此感到好奇。

近日,一种名为 Coca Cola 的神秘药水出现在各大药房,据说是一种非常有效的止痛药,一瓶售价为 5 美分。记者最近恰好犯了偏头痛,故而被报社派来以身试险,尝试一下这种新型止痛药。传闻 Coca Cola 是用古柯树叶和可乐果制作而成,并添加了足量的糖浆和碳酸。入口后,记者并未尝到一般止痛药所呈现的苦涩感受,而是被某种难以言说的……令人上瘾的味道占据了口腔。糖浆和气泡掩盖了苦涩,将草木气息调和为……总之实在是不可描述。记者虽然自诩颇具文字功底,但这口感却超出了语言能够描述的范畴。

记者以偏头痛为理由,快活地购买了一箱 Coca Cola,并决定回家继续狠狠尝试,却在离开药房时遇见了这一神奇饮品的发明者彭伯顿先生。作为记者,这可是遇上了大好机会。在与彭伯顿先生攀谈的过程中记者得知,彭伯顿早年在战争中受伤,为了止痛注射了吗啡,却染上吗啡瘾,令他十分痛苦。吗啡究竟是止痛药还是毒药? 彭伯顿决定研发一种能够代替吗啡的止痛药,让万千病患能够免于上瘾之苦。

"那它……为什么做得这么好喝呢? 又甜又清爽,似乎超出了止痛药的职责……"记者小心翼翼地询问。"啊哈哈……"彭伯顿先生留给了记者一串笑声。

记者携带一箱 Coca Cola 离去,头也确实不疼了。或许这真的是一种止痛药吧。(撰稿时间: 1886 年)

NEW!

饮料公司悬赏 350 英镑征求译名!

如今 Coca Cola 已经走进千家万户,却唯独在中国市场上遇冷,因其中文译名为"蝌蝌啃蜡",对中国人来说一听就十分难喝。现向社会各界征集 Coca Cola 的中文译名,以期能够打动中国消费者。

蝌蝌啃蜡汽水

Try Now!

人造纤维，是否该停产？

近日，一则关于人造纤维燃烧致人死亡的事件轰动了世人，从而再次引发了人们对于人造纤维的讨论。人造纤维面料的出现对于纺织行业到底是福是祸，它是否该停产？带着这样的疑问，本报记者特意采访了人造纤维的发明者——夏尔多内先生。

记者见到夏尔多内先生的时候，他很是憔悴，看样子他对人造纤维燃烧致人死亡的消息很自责。"如果我早知道会这样，我宁愿自己没有发明人造纤维！。"

人造纤维原本是夏尔多内的骄傲，他向来对自己发明了人造纤维这件事很是自得。在几天前的一次宴会上，他见到一位穿着人造纤维裙子的女士时，还非常热情地赞美了她，尽管他真正的赞美是给予那条人造纤维裙子的。然而，几分钟后，夏尔多内的脸上只剩下了惊慌失措，因为一个正在抽烟的男士不小心把香烟火星落到了那条人造纤维裙子上。夏尔多内所欣赏的那条裙子立刻熊熊燃烧起来，而那位女士也被大火吞噬，不幸身亡。

"人造纤维里的硝化纤维素是具有易燃属性的，但当时我们都沉浸在发明胜利的喜悦之中，完全忘了这回事。"夏尔多内沮丧地说道。

1884 年，他在和老师研究蚕病时发现了人造纤维存在的可能性，于是辞掉工作开始研发；1889 年，经过他不断尝试，人造纤维终于研发成功，并于同年在巴黎博览会上展出。这种不凡的、柔软而鲜亮的面料获得了追求时尚的法国贵族们的追捧，但因为其价格偏高，并没有在大众中广泛传播。

昂贵的价格，加上易燃的属性，使人造纤维被大众所看衰，大家纷纷表示人造纤维对于纺织行业毫无意义，希望可以彻底停产。对此，夏尔多内表示理解，但是他承诺自己一定会研发出价格低廉并且绝对安全的人造纤维。"请大家给我一些时间，我一定会让人造纤维变得更加完善。"夏尔多内坚定地说道。

希望夏尔多内可以早日从这次着火事件中走出来，为我们制造出更好的人造纤维。（撰稿时间：1891 年）

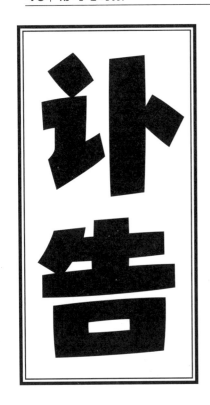

诺贝尔逝世

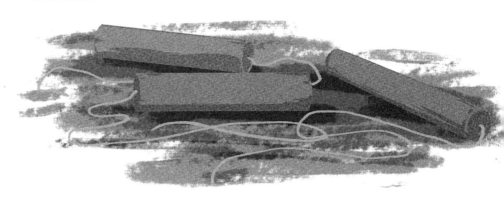

1896年12月10日晚上，诺贝尔在圣利摩的米欧尼德庄去世。诺贝尔不仅把自己的毕生精力全部贡献给了科学事业，而且在身后留下遗嘱，把自己的遗产全部捐献，设立诺贝尔奖。

1896年12月11日，瑞典国会发布讣告称，瑞典著名化学家、发明家，被誉为"炸药大王"的诺贝尔先生于12月10日晚去世，享年63岁。

诺贝尔的一生都是为发明而生。数据显示，他总共有355种之多的发明专利，其中129种和炸药有关，因此他也被称为"炸药大王"。据悉，诺贝尔1833年出生于斯德哥尔摩，他的父亲是一位研究炸药的工程师，因此诺贝尔从小就对炸药很感兴趣。30岁时，限于当时硝酸甘油炸药的不稳定性，诺贝尔发明了雷管炸药，从这以后，工人开矿、修路、筑桥再也没有遇到严重的爆炸事故。人们把他的这一发明称为"诺贝尔爆破器"。除了炸药，家用取暖锅炉系统、气体计量仪也是他的发明。这样的一位大发明家非常崇尚科学，认为科学能够造福后代，他也在生活中践行了他的这一观点。

1895年11月27日，已经重疾缠身的诺贝尔立下遗嘱，要把自己920万美元财产作为奖励基金存入银行，将其每年的利息分为五份，作为奖励给在世界物理、文学等领域有突出贡献的人。诺贝尔认为，世界的发展离不开拥有创造力的人，他希望可以借此激励更多的人投入科学创造之中。

诺贝尔的一生是光荣且伟大的。希望未来能有越来越多各行各业的人才，在诺贝尔奖的激励下，创造出更多改变世界的发明。

（撰稿时间：1896年）

专注于研究与发明的诺贝尔永远值得我们怀念与尊敬。

 文字直播

[本报记者] 12:10:18

欢迎您继续收看本报"飞行者一号"试飞的直播间。之前的三次试飞，虽然时间很短，但是也证明了载人空中持续动力飞行是可行的，下面让我们进入今天的第四次试飞！

主播 奥维尔·莱特 12:11:21

下面由我的哥哥威尔伯·莱特进行第四次试飞！

主播 威尔伯·莱特 12:12:03

我希望，这次可以突破 100 米！我有预感，这次我们一定可以成功！

[本报记者] 12:13:00

威尔伯·莱特驾驶的飞行者一号已经起飞了！现在飞行得很平稳……现在有点颠簸……他飞行的速度非常快。

主播 奥维尔·莱特 12:13:45

他已经飞行 45 秒了，现在早已突破 100 米！预计已经 200 米！加油啊，哥哥！

[本报记者] 12:14:15

试飞结束了！本次试飞总共 59 秒，飞行了 260 米！

主播 奥维尔·莱特 12:15:34

我们成功了！我们终于成功了！

主播 威尔伯·莱特 12:16:49

260 米！我就说了，我们人类是可以驾驶飞机在空中飞行的！

[本报记者] 12:18:18

让我们恭喜莱特兄弟的"飞行者一号"试飞成功！正是他们坚持不懈的努力，才有了飞机载人飞行的可能。我们有理由相信，飞机日后一定会成为人们出行的重要交通方式！请大家永远记住今天，此刻，因为飞机将从这里飞向未来！今天的直播就到这里，感谢大家的收看，再见！

弹幕聊天

直播时间：1903 年 12 月 17 日

我要飞的更远: 第一次飞行 12 秒, 36.6 米;
第二次飞行 11 秒, 60 米;
第三次飞行 15 秒, 61 米;
一次比一次在进步, 希望第四次可以一下子超越 100 米! 加油!

托牛斯小火车: 我正在见证历史上最伟大的奇迹之一! 😆😆

我要飞的更远 送  ×100

物理江湖时报: 真的能飞行?
看来我来晚了!

我要飞的更远: 太棒了! 加油啊! ✊

托牛斯小火车: 加油! 希望你未来的速度超过我!

物理江湖时报: 这真是太伟大了, 早知道我也进行现场直播了!

地球侠客: 地球人可真厉害啊!

花开富贵: 这个世界的未来还是得靠年轻人啊。

发送

威利斯·开利，夏天的救星！

几天前，本报记者受到里沃利大剧院观影的邀请。考虑到剧院里闷热难耐，记者本想拒绝，可是邀请者却称，此次将会是"情感与感官的双重享受"。盛情难却，记者便定于昨日来到里沃利大剧院。

与记者一样，众多受邀者纷纷带上了自己的扇子以防万一。然而进场的一瞬间，我们才意识到自己此举的多余——因为剧院里实在是太！凉！快！了！阵阵凉风袭来的感觉，仿佛一下子使人到了深秋的季节。在听闻这一切都是威利斯·开利所发明的空调的作用后，记者第一时间采访了他。

众所周知，在炎热的夏日，酷暑难耐，很多行业几乎无法开工，因为没人想受"热罪"。然而就在昨天的纽约里沃利大剧院里，一切都发生了改变！夏日的剧院里竟然吹来了阵阵凉风！而这一切都要归功于威利斯·开利伟大的发明——空调！

"其实我 1902 年就已经发明了空调，我当时为一家印刷厂调节了温度，那是世界上第一台空气调节系统。"威利斯·开利骄傲地说道，"从那之后，我便一直在改进空调。其实最初空调是用于给机器降温的，这次是第一次用来调节室内温度，从效果来看，还不错；我希望空调以后可以用在更多的地方，甚至可以进入千家万户，让大家在夏天也能享受到凉爽和自在。"

采访的最后，众多现场观众纷纷过来表达了对威利斯·开利的敬意和感谢，甚至还有不少商家来找他谈关于空调的合作。在此，本报也想为空调做一次免费的广告——如果您想在炎炎夏日体验凉爽的快感，如果您酷暑难耐时想要享受舒适的温度，请快来联系威利斯·开利吧！他所发明的空调，会让您的夏天风凉气爽！（撰稿时间：1925 年）

世界第一枚液体火箭发射成功!

世界上第一枚火箭发明于古老神秘的中国,利用火药燃烧后膨胀的气体把箭身推向空中。一些科学家经过计算,认为液体燃料或许能为火箭提供更多能量,于是展开研发。1929 年,世界第一枚液体燃料火箭成功飞天。

1929 年,戈达德决定进行他的液体火箭试验,本报记者受邀前往试验现场。一直以来火箭使用的都是固体燃料,戈达德决心对其进行改进,将液体燃料应用在火箭上。然而三年前,戈达德曾经失败过一次,当时他发射了一枚名叫"尼尔"的火箭,仅仅飞了十几米就落下,持续时间不到三秒,这很难被称为火箭,而更像一种……小烟花。因此,这场时隔三年的液体火箭发射更加牵动人心,事关戈达德一生的荣誉。

这次发射是在马萨诸塞州的奥本。戈达德架设好他的火箭,高达 3.4 米,上面携带了多种设备,包括气压计、温度计和摄像机。据了解,这枚火箭采用的燃料是汽油和液氧(液态氧气)的混合物,雾化技术能够把它们均匀混合在一起。很快,火箭在众人期待的目光下飞上天空。随着燃料耗尽,降落伞带着一些可回收利用的部件缓缓落下。人们纷纷鼓掌,上前拥抱戈达德,周围有闪光灯闪烁,是慕名而来的记者正在记录,本报记者也位列其中。

这一试验的成功让戈达德在一定程度上维护了他的荣誉,但也受到一部分人的讥讽。他的火箭抵达的最高点距离地面仅为 27 米,而固体燃料火箭早已被用在战场上,飞越军队的交界,供双方相互乱杀。而本报认为,这毕竟是液体火箭研发路上的重大突破,无论是媒体还是公众,都应当给予戈达德鼓励。(撰稿时间:1929 年)

"大富翁"游戏的发明者
竟另有其人

"大富翁"游戏在市场上的火爆一定程度上令人困惑。据了解，想要在这个游戏中胜出，玩家必须粉碎对手的产业，而让自己的产业"一家独大"，这在商业上意味着垄断。想象一下，世界上只有一家零食品牌销售薯片，而没有其他品牌和它竞争，那它的价格岂不是想定多高就定多高？作为消费者，人们自然而然地持有反垄断的观点，可作为玩家，人们却以垄断市场作为获胜目标。这种矛盾令人感到蹊跷，经过本报记者的多番调查，最终真相似乎终于要浮出水面了。

市面上兴起了一个叫"大富翁"的棋类游戏，玩家在一定规则下比拼谁先当上"富翁"，人们一遍遍投掷骰子，希望能够掷出有利于自己的点数，点数决定了能够在棋盘上前进几格。踩中了无主的地产可以购买，踩中了其他玩家的地产则需要交一笔钱才能通过。游戏开发者靠着专利授权赚得盆满钵满，但最近本报记者发现这件事并不简单。

"大富翁"这一游戏据说是查尔斯·达罗在自己家的地下室里发明出来的，然后被帕克兄弟公司发行出售，在市场上大受欢迎。但是在记者对查尔斯·达罗采访时，对方却不愿对记者讲述这一游戏背后的逻辑和设计原理。这让我们感到奇怪，于是经过一番调查后，记者发现，现在流行的"大富翁"并不是一个原创游戏，而是借鉴了著名经济学家伊丽莎白·玛吉发明的地主游戏——其意图是告诫大家别当地主。

在采访了伊丽莎白·玛吉后，记者终于理解了这一款游戏的设计原理。原来，作为经济学家，伊丽莎白·玛吉对自由放任主义持否定态度。所谓自由放任主义，就是指政府不干涉任何贸易。她想要让玩这个游戏的人意识到，在经济完全不受干涉的情况下，人们的贫富差距只会越来越大，而最极端的情况就是一个人干掉了所有人。"大富翁"游戏的火爆让人们意识到，大家都想干掉其他人——如果真能做到的话。

"大富翁"游戏的发行商赚足了钱，可被借鉴了创意的玛吉却没有收获应得的报酬，实在是令人感到不公平。玛吉女士表示，她已经在 1904 年对她发明的这款游戏申请了专利。她也公开指责帕克兄弟和查尔斯·达罗。而本报也认为"大富翁"游戏风靡全球，其中至少一半的荣誉应当归于伊丽莎白·玛吉女士。（撰稿时间：1935 年）

简讯

1983 年，在伊丽莎白·玛吉逝世三十五年后，法院终于对"大富翁"专利案做出了判决，法院认为，伊丽莎白·玛吉才是这一游戏的发明人。尽管帕克兄弟公司依旧我行我素模糊着"大富翁"游戏发明专利，但是伊丽莎白·玛吉的发明人地位是无可辩驳的，而她的理念应该被众人了解和熟知。

专访 *Hedy Lamarr*
海蒂·拉玛

　　有这样一位女孩们做梦都想成为她的明星，她惊为天人的容貌被好莱坞誉为"世界上最美的女人"！她就是海蒂·拉玛。但谁能想到，这位"世界上最美的女人"私底下还是一位有趣的"斜杠青年"？本次娱乐专访将为大家带来一位荧幕之下的海蒂·拉玛。

记者： 您好！欢迎来到本次访谈！果然百闻不如一见，"世界上最美的女人"，这名号您当之无愧啊！

海蒂·拉玛： 出于礼貌谢谢您，不过我可并不喜欢这个称呼。

记者： 为什么这样说呢？这名号难道不是顶级影业好莱坞对您的称赞吗？

海蒂·拉玛： 名号的确是好莱坞给的，不过只是宣传电影的噱头罢了，没错，就是那部 1938 年 7 月 13 日上映的《海角游魂》。

记者： 宣传电影的噱头？

海蒂·拉玛： 因为我在里面扮演的女主角是黑发，好莱坞就抓住这点宣传，说我打破了金发美人主导银幕的传统，封我为"世界上最美的女人"。

记者： 这样的称赞有什么问题吗？

海蒂·拉玛： 记者先生，我可是一个演员啊，夸赞和宣传一个演员长得好看，简直就像说她没有演技，不是吗？

记者： 第一次听到这种解读，您的想法真是有趣。可美丽的容貌并非人人都有，很多姑娘都梦想拥有电影明星的美貌呢！

海蒂·拉玛： 成为好莱坞标准的美人其实很简单，但没必要非得按照好莱坞的标准来吧，其实所有的女孩都可以光彩夺目。

记者： 比如说？

海蒂·拉玛： 比如说人的大脑就比人的外表有趣得多，花费时间在这张终会变老的皮囊上，还不如去找些让自己感觉有趣的事情做。说到这儿，我又开始怀念当时研究无线电的时光了。

记者： 听说您之前就读于通信专业，您既然喜欢无线电研究，为何半途辍学去学了戏剧表演呢？

海蒂·拉玛： 我辍学并不是对通信专业不感兴趣，只是当时比起通信专业，我更想尝试去做演员、拍电影。人生短暂，我也总要有所取舍、敢于尝试不是吗？

记者： 看不出来，您还是一位有趣的"斜杠青年"呢！

海蒂·拉玛： 是啊，很多摄影师都说我不擅长做表情，还说我的脸僵硬得像一个木偶，但是脸和身体本来就是僵硬的面具。所以为了保持面具之下的灵魂自由，我们才要不断挑战自己感兴趣的领域呀！

记者： 怪不得您有如此多跨界的成就！从通信专业的学生到好莱坞的电影演员，再到独立创办电影公司做制片人，您后来甚至还成了发明家？

海蒂·拉玛： 哈哈！发明家可不敢当，我只是提出了关于无线电的小创意，协助乔治·安塞尔一起发明了"跳频技术"。您肯定想不到这个发明的灵感是从哪儿来的！

记者： 您这样一说，这个技术必定也是从别的领域跨界获得的灵感了？而且乔治·安塞尔难道不是那位有名的先锋作曲家吗？

海蒂·拉玛： 您猜得没错！我们是从钢琴演奏上获得了灵感。尽管这个技术本身算不上独特的发明，后来也没有被看重，但是与乔治·安塞尔的灵魂碰撞也是我生命中十分难忘的回忆啊。

记者： 我现在理解您为何不喜欢好莱坞对于您外表的赞扬了，那实在不足以捕捉您灵魂之美的万分之一啊！从您身上洋溢出非同一般的女性之美，它不属于被男性审视和定义的女性美，而是活跃的生命之美。感谢您接受今天的采访！（撰稿时间：1949 年）

「第一台计算机」之争始末

10 月 19 日，旷日持久的霍尼韦尔公司诉斯佩里兰德公司案终于尘埃落定。读者朋友们可能对这起案件感到陌生，但提到"谁发明了世界上第一台计算机"之争，很多人都有印象。如今结果终于公布，阿塔纳索夫和贝瑞在 1942 年发明的计算机被认定为全世界第一台。让我们来看一看这场争论的始末，这场官司为何能持续六年之久？

在正式讨论这起案件之前，我们有必要聊聊二进制，或许这才是一台机器被认定为"计算机"的核心之一。十进制是逢十进一，二进制则是逢二进一，整个计算系统里只有 0 和 1 两种数字，便于计算机计算和存储数据。1945 年，冯·诺依曼所写的《ENIAC 报告书的第一份草案》发表，其中"ENIAC"是设想中计算机的名字。在这份草案里，冯·诺依曼详细说明了他对于计算机的设想，其中就包括用二进制进行计算等内容。

草案发表后，人们意识到，数学家冯·诺依曼似乎加入了一项秘密的计划。一年后，ENIAC 的诞生印证了人们的猜想。ENIAC 由美国陆军投资，在宾夕法尼亚大学制造成功，当时的主要设计者是宾夕法尼亚大学的莫齐利和埃克特，他们也共同申请了 ENIAC 的专利，这项专利后来被卖给了斯佩里兰德公司，ENIAC 也被认为是世界上第一台电子计算机。拥有这一专利的斯佩里兰德公司开始要求其他公司缴纳专利费，霍尼韦尔公司就位列其中。但是霍尼韦尔公司并不想缴纳巨额的专利费，于是在 1967 年被斯佩里兰德公司告上了法庭。

说到这儿，一些读者朋友或许已经感到烦躁。的确，各种专利权的交接让这件事最终成为两个公司之间的官司，

　　他们不停出示各种关于计算机原理、计算机发展的资料。在这个过程中，霍尼韦尔公司的律师发现，ENIAC 可能并不是这个世界上第一台电子计算机。原来，早在 1937 年，电气工程师阿塔纳索夫就开始构思一台能够求解线性方程组（一种数学题）的计算机器。在研究生贝瑞的帮助下，他的构想逐步实现，并在 1942 年终于发明出这台计算机。这一计算机同样使用二进制的逻辑进行计算，还使用了电子开关（利用电流来控制开和关的电子元件），这些都是创造性的发明。然而这部机器的寿命很短，只有五年，这里的寿命指的是工作寿命，而非金属部件生锈之类的问题。或许是因为坏得太快，阿塔纳索夫－贝瑞计算机并没有获得推广，知道的人不多。

　　这一发现让霍尼韦尔公司激动不已，却给了斯佩里兰德公司致命一击。最终法院判决，电子计算机的真正发明者是阿塔纳索夫，这场旷日持久的争论终于有了一个结果。

　　在这期间，被请到法庭上的证人超过七十名，未直接到场而是提交证词的证人超过八十名，六年时间里留下的庭审记录长达两万多页……因为计算机作为一项划时代的发明，实在是太重要了。本报记者认为，这场争论的起源是两个公司的商业冲突，本质上却是对发明创造的一种支持。我们相信，未来的人们将会更加重视对专利权的保护，以此促进越来越多发明创造的诞生。（撰稿时间：1973 年）

专访 MARTIN COOPER
马丁·库伯
一部电影带来的灵感

有群众举报，曼哈顿大街出现一名恐怖分子，手持"板儿砖"冲向人群。本报记者第一时间赶往现场，却发现围观群众正爆发热烈掌声。据悉，该名男子并非恐怖分子，而是摩托罗拉手机公司的技术人员——马丁·库伯。在记者的请求下，马丁·库伯再次演示了这块"板儿砖"的神奇之处：这居然是一部无线电话！

记者： 库伯先生您好！众所周知，自从贝尔先生发明电话以来，有线电话已有近百年的历史。大家已经习惯电话线的存在，却从来没有见过无线电话，您是如何想到这个点子的呢？

马丁·库伯： 这个点子还真不是我想出来的，而是来自《星际迷航》。

记者： 哎？您是说那部正在热映的科幻电视剧吗？

马丁·库伯： 是的！当我看到剧中的考克船长在使用一部无线电话时，我立刻意识到，这就是我想要发明的东西！

记者： 这部电视剧的收视率非常火爆，相信很多人也都看过这个画面，但也没人因此发明无线电话呀！

马丁·库伯： 当然，发明不同于幻想，而是想象与技术的结合。想出点子倒是不难，难的是如何以及为何要把它带入现实生活。

记者： 确实如此，很多人都不了解电话通信技术，何谈发明呢。

马丁·库伯： 哈哈！也有人恰恰相反呢，比如我的竞争对手贝尔实验室，他们早在我之前就提出"无线通信"的技术模型。可惜啊，他们缺的不是技术，而是想象力。

记者： 怎么说呢？

马丁·库伯： 当时他们只想把这种技术用在汽车上，让人们在车内也可以接电话。但这也太没想象力了！与其让人去固定的地方接电话，还不如直接让电话跟人一起移动呢，就像《星际迷航》里的考克船长那样！

记者： 不过，考克船长的电话看起来比您手里这个机子轻便多啦！

马丁·库伯： 现在这块"板儿砖"用起来确实累手，但我相信，不出十年，我们就可以把它变得像电影里那样啦，甚至更轻更小！

记者： 非常期待！那请问您接下来有什么打算呢？

马丁·库伯： 我想先打个电话给我的家人吧。不对，先打个电话给贝尔实验室的"老对头"，我要好好炫耀一下，哈哈！（撰稿时间：1973 年）

本报记者相信未来无线电话将得到极大程度的发展！

第一个全国特等发明奖出炉！

今年6月，一直致力于研究"杂交水稻"的袁隆平荣获了"国家特等发明奖"，成为中华人民共和国成立以来第一个获此殊荣的科学家。

对于人类来说，粮食问题可能是最重要的问题。中华人民共和国成立后，整个国家都在缓缓复苏，国民的口粮成为头等大事，如何让粮食作物增产成为摆在全国科学家面前的难题。袁隆平历经饥荒年代，对粮食的重要性有着深刻认识，他决定投身于提高粮食产量的事业，扛起这艰巨的任务。这就是一切事件的开始。

袁隆平表示，解决问题的方法十有八九要在杂交水稻里找，因为只有"杂交"才能让水稻的某些特征发生改变。"杂交"的意思就是，让两种不同的植物"结婚生子"，生下同时具有这两种植物优点的孩子。比如说，我们想获得既抗病又抗倒伏的水稻，就可以用一种抗病水稻和另一种抗倒伏水稻进行杂交。实际操作要更加艰难，需要通过观察和试验，反复调整水稻"父母"的品种，才能获得想要的"孩子"。

对于水稻来说，用杂交的方法获得质量更好的品种有另一重难关要过。水稻是雌雄同体、自花授粉的植物，雄蕊和雌蕊一旦长成，花粉就开始不受控制地传播……直接就生下了孩子！因此，杂交水稻的过程变得非常麻烦，需要把每一株水稻的雌蕊或者雄蕊去掉，才能赶在水稻自花授粉之前完成杂交。但如果能找到天然不育的水稻，杂交就变得容易多了。功夫不负有心人，1964年7月5日，袁隆平在试验稻田中找到一株"天然雄性不育株"，意思就是雄性器官失灵，没办法形成花粉的植株，正好可以让科学家对它进行人工授粉。经过人工授粉后，水稻结出了数百粒同样"雄性不育"的种子，给后续的水稻研究提供了宝贵的原材料。

袁隆平带领着他的研究小组，研究出一种培育杂交水稻的方法，叫作"三系法"，使水稻产量平均每亩提升了200公斤。粮食问题不仅是中国的问题，更是全世界的问题，三系杂交水稻技术如果被推广到多个国家，一定能够成功挽救许多饥饿的人。

时间来到1981年，袁隆平团队喜获"国家特等发明奖"，这个奖项也是中华人民共和国成立以来第一次颁发。而杂交水稻的进化并未结束，抗盐碱的水稻、抗虫抗高温的水稻也都在赶来的路上。"粒粒皆辛苦"的辛苦在当下语境里不仅包含了种地的人力，也包含着科学家为了粮食质量和产量提高所做的科研工作。

（撰稿时间：1981年）

发明家…世界的缔造者

如果你有一个极致聪慧的大脑，一双善于发现的眼睛，一双灵巧勤快的手，再加上浑身勇往直前、永不言弃的勇气，你会成为什么样的人？而这些，似乎成为每一位伟大发明家的标准配置。然而，拥有这四样却还远远不够。那么发明家到底是什么呢？为得到这一问题的答案，本报记者随机选择了几名本报的幸运读者进行了采访。

我觉得发明家就像逐梦人，他们的创造和努力让这个世界每天都发生着日新月异的变化。但是要成为一名发明家绝对不是一件容易的事儿，这些发明在摆到我们面前之前都经历了无数次的失败，但发明家们从来都没有放弃。悄悄透露一下，其实我也是一名前沿科技领域的专家，我的发明还在不断试错的阶段。但我相信终有一天我会成功，为这个世界带来一点小小的改变。

不能透露姓名的 某科技专家

很多人从小都想当发明家，我其实也是。当然，这个愿望没实现，我现在就是一个普普通通的打工人。我越来越发现发明家给我们的生活带来的影响了，无论是很常见的电灯、汽车、空调，还是手机、电脑之类的，都是在发明家日复一日地钻研下诞生的成果。所以我觉得，发明家让我们普通人的生活更加舒适便捷了。

平安大道上的 普通市民

在我心中，发明家就是魔法师。这个学期我参加了学校的"小发明家"社团，并尝试制作了一台收音机，但是真的很难，我是在老师和家长的帮助下才完成的。所以我觉得真正的发明家一定是非常有想象力，而且动手能力极强的人，他们真的是太厉害了。

好奇心小学的 四年级学生

我是一个记者，在日常的工作中会用到很多的设备，比如手机、电脑、录音笔等，但是这些都是之前没有的，而它们的使用大大提升了我的工作效率。可以说，发明家和他们的发明创造改变了整个社会生产和生活的方式。所以我觉得，发明家就是社会进步的加速器。

《好奇心时报》的 记者

回首过去的千百年间，科学发展的道路漫长且辉煌，物理、化学、数学等多学科领域硕果累累，科学之花竞相绽放；在这条路上群星闪耀，熠熠生辉，发明家们化身探索真理的勇士，他们拨开迷雾，照亮未知。正是由于这些创造世界的智者的存在，我们才能畅享当下方便舒适的生活，才能手握解锁未来的钥匙。所以，发明家是什么，相信在你心中已有答案。

时代在变化，《好奇心时报》也一直在发展，很高兴能一直陪着你，和你共同见证科学发明的无尽潮涌。

——《好奇心时报》

撰稿时间：2025 年

创作团队 CREATIVE TEAM

米莱童书

　　米莱童书是由国内多位资深童书编辑、插画家组成的原创童书研发平台。旗下作品曾获得 2019 年度"中国好书"，2019、2020 年度"桂冠童书"等荣誉；创作内容多次入选"原动力"中国原创动漫出版扶持计划。作为中国新闻出版业科技与标准重点实验室（跨领域综合方向）授牌的中国青少年科普内容研发与推广基地，米莱童书一贯致力于对传统童书进行内容与形式的升级迭代，开发一流原创童书作品，适应当代中国家庭更高的阅读与学习需求。

策 划 人：韩茹冰

原创编辑：张婉月　毕莹莹　朱梦笔　孙楚楚　李传文

漫画绘制：朱梦笔　都一乐　王　啸

装帧设计：马司雯

图书在版编目（CIP）数据

发明家每天都在做什么？ / 米莱童书著绘 . -- 北京：
北京理工大学出版社 , 2025.3.
（好奇心时报）.
ISBN 978-7-5763-4631-2

Ⅰ . K816.1-49

中国国家版本馆 CIP 数据核字第 2025Y7Q297 号

责任编辑 / 徐艳君　　**文案编辑 /** 徐艳君
责任校对 / 刘亚男　**责任印制 /** 王美丽

出版发行 / 北京理工大学出版社有限责任公司
社　　址 / 北京市丰台区四合庄路 6 号
邮　　编 / 100070
电　　话 / (010) 82563891 （童书售后服务热线）
网　　址 / http : //www. bitpress . com. cn

版 印 次 / 2025 年 3 月第 1 版第 1 次印刷
印　　刷 / 北京尚唐印刷包装有限公司
开　　本 / 889 mm×1194 mm　1/16
印　　张 / 12
字　　数 / 300 千字
定　　价 / 99.00 元（全 3 册）